MANUAL
DO TÉCNICO DESPORTIVO
TEORIA E METODOLOGIA DO ENSINO NA FORMAÇÃO TÉCNICO-TÁTICO

© Copyright 1996.
Ícone Editora Ltda.

Diagramação
Rosicler Freitas Teodoro

Revisão
Rosa Maria Cury Cardoso

Proibida a reprodução total ou parcial desta obra, de qualquer forma ou meio eletrônico, mecânico, inclusive através de processos xerográficos, sem permissão expressa do editor (Lei nº 5.988, 14/12/1973).

Todos os direitos reservados pela
ÍCONE EDITORA LTDA.
Rua das Palmeiras, 213 — Sta. Cecília
CEP 01226-010 — São Paulo — SP
Tels. (011)826-7074/826-9510

M. GUARINO

MANUAL DO TÉCNICO DESPORTIVO

TEORIA E METODOLOGIA DO ENSINO
NA FORMAÇÃO TÉCNICO-TÁTICO

Dados Internacionais de Catalogação na Publicação (CIP)
(Câmara Brasileira do Livro, SP, Brasil)

Guarino, M.
　　Manual do técnico desportivo: teoria e metodologia do ensino na formação técnico-tático - M. Quarino. — São Paulo: Ícone, 1996.

　　Bibliografia.
　　ISBN 85-274-0394-3

　　1. Esporte - Ensino I. Título

96-0765   CDD-796.07

Índices para catálogo sistemático:

1. Esporte: Técnicos: Formação　　　　　　　　796.07
2. Técnicos desportivos: Formação　　　　　　　796.07

TÓXICO:
FAÇA ALGUMA COISA CONTRA

Se a criança vive com críticas, ela aprende a condenar.

Se a criança vive com hostilidade, ela aprende a agredir.

Se a criança vive com zombarias, ela aprende a ser tímida.

Se a criança vive com humilhação, ela aprende a se sentir culpada.

Se a criança vive com tolerância, ela aprende a ser paciente.

Se a criança vive com incentivo, ela aprende a ser confiante.

Se a criança vive com elogios, ela aprende a apreciar.

Se a criança vive com retidão, ela aprende a ser justa.

Se a criança vive com segurança, ela aprende a ter fé.

Se a criança vive com aceitação e amizade, ela aprende a encontrar amor no mundo.

Se você vive com serenidade,

Seu filho viverá com a mente sã e tranqüila.

AS CRIANÇAS APRENDEM O QUE VIVEM

Aprender é descobrir aquilo que já se sabe.

Fazer é demonstrar que você o sabe.

Ensinar é lembrar aos outros que eles sabem tanto quanto você.

Você ensina melhor o que mais precisa aprender.

(Richard Bach)

ÍNDICE

Prefácio 11

Apresentação 13

Agradecimentos 15

Parte I

Ensinando e aprendendo 19

A atitude do técnico condiciona a aprendizagem
das técnicas 21

Bases para a "construção" de uma atitude correta
do técnico 24

Condições para criar um bom ambiente para
facilitar a aprendizagem 28

Três condições essenciais para ensinar as técnicas 35

Parte II

Formação técnico-tática nos jogos desportivos
coletivos 51

As bases teóricas da capacidade de jogo 53

Requisitos que irão determinar a capacidade de jogo 56

Princípios metodológicos para o desenvolvimento
da capacidade de jogo 64

Presença positiva e confiante do técnico no local
da competição 88

Planejamento e avaliação da ação do técnico
no local da competição 92

Parte III

Planejamento anual de treinamento para futebol
de salão — físico-técnico e tático 99

Planejamento anual 104

Plano de treinamento 107

Atividades desenvolvidas 117

Planilhas 119

Bibliografia 137

PREFÁCIO

O autor procurou com seu trabalho preencher uma lacuna existente na literatura esportiva. Seu livro é de interesse não só dos técnicos principiantes, mas, também, dos estudiosos que procuram dar aos técnicos e à grande quantidade de esportistas interessados em aprender, para depois transmitir aos seus jovens alunos, tudo o que há de melhor e mais sadio.

Seu livro, cuja leitura é agradável, procura transmitir de maneira fácil e metodológica a técnica e o treinamento técnico, dando aos técnicos noções de como controlar uma bola, dar um passe ou chute, condução da bola e finta, enfim tudo o que é necessário aprender. Ao final de cada capítulo, sempre há os exercícios. Um capítulo muito especial é aquele dedicado aos exercícios — muito bom.

Nas fotos em que estão os futuros astros do salonismo paulista, ainda há muito o que aprender.

Boa leitura também, e deve ser lido com muita atenção, é quando o autor procura transmitir seus conhecimentos nos gráficos — todos eles bem detalhados e de fácil compreensão.

Está de parabéns o autor por mais este trabalho que, não sendo dedicado somente ao futsal, mas também às outras modalidades esportivas, engrandece a literatura sobre o assunto.

Dr. Ciro Fontão de Souza
Presidente
Federação Paulista de Futebol de Salão e
Confederação Panamericana de Futebol de Salão

APRESENTAÇÃO

Observamos o comportamento de alguns Técnicos e Treinadores dentro das modalidades desportivas coletivas, com atletas na faixa etária de 6 a 12 anos, usando das mesmas cobranças impostas aos adultos quanto à aplicação tática, performance técnico, equilíbrio emocional e outros fatores que acontecem dentro de uma partida e até mesmo nos treinamentos.

Então, resolvemos reforçar a importância do ensino da técnica, por um lado como forma de contribuir para a melhoria do rendimento dos praticantes, sem no entanto esquecer que, por outro lado, este processo — no qual se conjugam o conhecimento dos pormenores da execução, a observação das várias tentativas efetuadas e o processo de comunicação entre o Técnico e Atleta que se lhe segue — deverá ser cuidado nas suas diferentes perspectivas, em todas as etapas da formação do praticante, embora se julgue que é fundamental realçar o papel quase sempre decisivo que ele assume, quando se refere aos primeiros anos da *preparação desportiva*.

Esperamos que estas anotações possam constituir um excelente instrumento de reflexão e transmissão de conhecimento a todos os Técnicos e Treinadores.

O Autor

AGRADECIMENTOS

lho. A Deus, que me deu forças para apresentar este traba-

Ao sr. Mário Augusto Lopes, o qual deu o maior apoio no início da minha carreira no salonismo.

Ao professor Sérgio Roberto Zancopé (Banespa), pelo apoio dado no momento em que mais necessitava.

Aos meus pais, que me deram a educação e me ensinaram a respeitar e amar o próximo.

Ao meu irmão José Carlos Guarino, que até hoje continua me dando aquela força.

E a todos os amigos que militam no Futebol de Salão, e em especial ao João Taratetta Neto e Daniel Mutti pelo apoio prestado desde os tempos do C.A. Juventus (1973).

Sou muito grato ao amigo Adson Moreira dos Santos, pelo incentivo e apoio nas pesquisas.

Ao dr. Ciro Fontão de Souza, Presidente da Federação Paulista de Futebol de Salão, pelo prefácio.

PARTE I

ENSINANDO E APRENDENDO

Ao Técnico desportivo compete organizar e dirigir o treino e a competição, o que implica situações permanentes e variadas de ensino e aprendizagem.

Estes três itens — ensino, treino e competição — encontram-se sempre presentes e relacionam-se intimamente durante o processo desportivo.

É óbvio que a aprendizagem dos desportos não se resume à aprendizagem das técnicas, englobando também, entre outros aspectos, as situações táticas elementares e a formação de atitudes (hábitos mentais).

Todavia, a aprendizagem das técnicas constitui o aspecto fundamental da aprendizagem inicial dos desportos, assumindo por isso, no caso da criança e do jovem, um papel de grande importância, sendo que:

— **é sobre a aquisição das técnicas elementares e dos respectivos hábitos motores que se baseia o desenvolvimento técnico de qualquer participante;**

— **é através da aquisição das técnicas elementares e dos respectivos hábitos motores que o Técnico transmite e desenvolve os hábitos mentais e as atitudes indispensáveis à formação do jovem praticante.**

De fato, a aprendizagem das técnicas fundamentais deve ter lugar na infância e na puberdade, geralmente entre os 9/10 e 13/14 anos, período em que a capacidade de assimilar novos hábitos motores é considerada elevada.

Salvaguardam-se atividades como a natação e a ginástica, em que algumas técnicas podem ser aprendidas mais cedo.

Por isso, é essencialmente uma questão relativa às crianças e jovens, sendo indispensável aproveitar as condições favoráveis que estes períodos da sua vida e desenvolvimento apresentam.

A aprendizagem das técnicas desportivas pode ocorrer de forma espontânea, por auto-aprendizagem, por observação e imitação, por ensaio e erro. Mas, para ser efetiva, exige um ensino dirigido e orientado a fim de se ganhar tempo, contribuindo para evitar erros grosseiros e impedindo a fixação de hábitos motores incorretos.

Torna-se claro, portanto, que as crianças e jovens necessitam, desde muito cedo:

— **aprender e aperfeiçoar as técnicas fundamentais;**
— **receber orientação regular e metódica para ajudar a fixar os hábitos motores corretos;**
— **aprender a ser cuidadoso com a sua execução técnica e com os pormenores.**

Deste modo, é legítimo concluir que **o ensino das primeiras técnicas deve constituir a preocupação mais importante do Técnico no desenvolvimento da sua atividade.**

A ATITUDE DO TÉCNICO CONDICIONA A APRENDIZAGEM DAS TÉCNICAS

Existe efetivamente uma metodologia de ensino, uma forma comprovadamente eficaz de ensinar as técnicas desportivas.

Todavia, esta é, na sua aplicação concreta, profundamente influenciada pela atitude do Técnico, isto é, pela forma como este entende a sua participação e a das crianças e jovens na prática desportiva.

O tipo de intervenção do Técnico resulta, portanto, diretamente da sua atitude e pode contribuir quer para facilitar quer para dificultar o processo ensino-aprendizagem.

- **O Técnico valoriza ou não excessivamente a vitória?**
- **O Técnico faz ou não da vitória uma questão de afirmação pessoal?**
- **O Técnico é ou não paciente e tolerante perante as dificuldades de aprendizagem e os erros?**
- **O Técnico sobrepõe ou não os seus interesses aos dos praticantes?**

Na verdade, muitos praticantes jovens são perturbados na sua aprendizagem e podem inclusive ganhar aversão à prática desportiva quando confrontados com um ou vários dos seguintes fatos:

— **pressões exageradas e constantes, gerando grandes níveis de ansiedade e provocando "desconforto":**

— frustração decorrente do fato de não conseguirem alcançar metas irrealistas, concebidas pelos próprios atletas, pelos familiares ou pelo Técnico;

— desencorajamento provocado pelo estilo de lidar do técnico: rudeza, intolerância, insensibilidade, exigências exageradas;

— ocorrência nos treinos e competições de situações de hostilidade, fraude, agressão e violência.

Estas situações, sem dúvida, contradizem as necessidades da aprendizagem e do desenvolvimento dos praticantes.

A aprendizagem das técnicas desportivas, para ser efetiva, exige um ensino dirigido e orientado.

BASES PARA A "CONSTRUÇÃO" DE UMA ATITUDE CORRETA DO TÉCNICO

O Técnico que desenvolve sua atividade com crianças e jovens necessita de uma atitude adequada a estas faixas etárias, a qual deve ser "construída" sobre os seguintes pontos:

O TÉCNICO DEVE SABER QUE ...

1 — a prática desportiva tem de contribuir para o desenvolvimento físico, motor, social e emocional das crianças e jovens e integrar-se, deste modo, ao respectivo processo educativo e formativo.
Por isso, o ensino das técnicas, que não é um processo à margem da própria prática desportiva, deve atender, também, a esta preocupação;

2 — as crianças e jovens são facilmente influenciados pelos adultos e desenvolvem as suas capacidades, hábitos e atitudes pela ação destes, tomando-os como modelos;

3 — faz parte dos profissionais desportivos que lidam fundamentalmente com crianças e jovens, e desempenha, por isso, um papel determinante na sua formação e desenvolvimento, quer como praticantes quer como pessoas;

4 — a prática desportiva das crianças e jovens tem de distinguir-se claramente da prática desportiva dos adultos;

5 — uma das suas tarefas mais importantes, ao trabalhar com crianças e jovens, é desenvolver nestes o gosto pelo desporto;

6 — apesar da competição e da vitória serem importantes, a alegria, satisfação e prazer de participar são pré-requisitos fundamentais do desporto das crianças e dos jovens. A maior parte das crianças e jovens também quer ganhar, e por isso seria irrealista e ingênuo pensar que a vitória não seja, para eles, um aspecto relevante. Todavia, a não ser que pressionados nesse sentido e desde que libertos da pressão dos adultos, não põem a ênfase **exclusivamente** na vitória e podem retirar satisfação de muitos outros aspectos. Deste modo a preocupação **exclusiva** com o resultado e a vitória não tem lugar na prática desportiva das crianças e jovens. Tal como não lhes deve ser exigida uma prática extremamente formal, excessivamente intensa e vincadamente competitiva;

7 — os interesses, expectativas e aspirações das crianças e jovens são basicamente diferentes das dos adultos. As crianças e jovens participam nos desportos para satisfação pessoal e não para satisfazer os adultos. Por isso, os interesses de uns e de outros não devem ser confundidos. Fundamentalmente, os interesses dos adultos devem submeter-se aos interesses dos praticantes;

8 — a aprendizagem de uma técnica não se traduz, normalmente, no seu domínio imediato. De um modo geral, os movimentos apresentam-se de início de uma forma

insegura, pouco precisa, sem a necessária coordenação.
Com a exercitação adequadamente orientada, os movimentos tornam-se progressivamente mais precisos, seguros e coordenados. Finalmente, a execução adquire uma seqüência dinâmica constante de uma maior segurança face às diferentes influências perturbadoras;

9 — cada criança e jovem aprende de forma individualizada, num ritmo próprio e desenvolvendo, por isso, diferentes curvas de aprendizagem.

As crianças e jovens, até atingirem a maturidade, encontram-se sujeitos a um elevado número de transformações físicas, biológicas e psíquicas que, por não ocorrerem todas simultaneamente e de forma coordenada, provocam estados de menor controle corporal e emocional, que se refletem sobre a aprendizagem das técnicas.

Por outro lado, o processo de crescimento e maturação é próprio de cada indivíduo, sendo freqüente encontrar, entre indivíduos da mesma idade cronológica, variações de grande amplitude.

É por isso natural que o movimento corporal, base da aprendizagem das técnicas, apresente, conforme a idade e o indivíduo, variações, por vezes significativas, em termos de maior ou menor precisão, controle, coordenação e eficácia;

10 — a aprendizagem das técnicas exige que as crianças e jovens sejam ensinados, treinem e compitam num ambiente sereno, acolhedor e descontraído (o que não significa bagunça) e que lhes seja proporcionada orientação, apoio e encorajamento.

11 — a aprendizagem das técnicas depende, também, do desenvolvimento físico geral e dos níveis de domínio e disponibilidade corporais;

12 — a aprendizagem é um processo recíproco que envolve as duas partes intervenientes: quem aprende e quem ensina.

CONDIÇÕES PARA CRIAR UM BOM AMBIENTE PARA FACILITAR A APRENDIZAGEM

O Técnico assume uma atitude incorreta, prejudicial e perturbadora da aprendizagem e do desenvolvimento das crianças e jovens sempre que valoriza **exclusiva** ou **excessivamente** a vitória e a competição, quando faz da vitória uma questão de afirmação pessoal, quando vê nos praticantes uma extensão de si próprio, cujo insucesso atinge o seu orgulho pessoal, enfim, quando pretende mostrar através deles, a todo o custo, qualificação, conhecimentos e capacidades.

E isto porque, neste caso, terá tendência para:

— **pressionar exageradamente os praticantes;**

— **ser extremamente crítico e pouco tolerante perante os erros e as dificuldades de aprendizagem;**

— **ser parcial na medida em que dará, normalmente, maior atenção e compreensão aos mais aptos, em prejuízo dos menos aptos.**

Se o Técnico e os praticantes atuam num ambiente seguro, sereno e acolhedor, o primeiro tem mais oportunidades para dar assistência aos segundos, e estes se beneficiam mais das suas experiências desportivas, quer a curto quer a longo prazo, quer como atletas quer como pessoas, visto que podem ser ensinados gradual e progressivamente de forma descontraída, agradável e motivadora.

A aprendizagem das técnicas não inclui apenas as situações de ensino propriamente ditas, mas se prolonga pelo treino e pela competição, e por isso o Técnico deve contribuir para criar nestes três âmbitos um ambiente adequado, isto é, que respeite as necessidades, interesses e características das crianças e jovens.

Para tal, necessita de:

A aprendizagem não é um processo regular e pode incluir a ocorrência de alguns "acidentes" (paradas, retrocessos etc.).

A) **SER PACIENTE E TOLERANTE PARA COM OS ERROS E AS DIFICULDADES DE APRENDIZAGEM**

— evitando ser hostil e punitivo;
— evitando ridicularizar ou repreender de forma agressiva;
— informando corretamente qual o erro cometido e dando instruções e tarefas que facilitem a sua correção;
— fornecendo encorajamento e mostrando que os erros são naturais e passíveis de correção;
— avaliando e assumindo a sua eventual responsabilidade em vez de, pura e simplesmente, "acusar" o praticante que errou ou que manifesta dificuldades de aprendizagem.

B) **REDUZIR E RELATIVIZAR AS FONTES DE ANSIEDADE**

A ansiedade nos desportos, fator que reconhecidamente perturba a aprendizagem das técnicas, é conseqüência essencialmente da importância que se atribui à participação na competição e à incerteza do respectivo resultado: quanto maior for a importância atribuída mais elevada será a ansiedade. Para reduzir e relativizar estas fontes de ansiedade, é imprescindível desenvolver nas crianças e jovens as seguintes atitudes:

— **a vitória não é tudo nem é a única coisa, e os praticantes podem sentir satisfação por participarem, por fazerem amizades e por melhorarem as suas capacidades;**

— perder não constitui necessariamente um fracasso, visto que o sucesso se relaciona fundamentalmente com o esforço desenvolvido e deve ser interpretado, em primeiro lugar, como a satisfação de cada um fazer o melhor, realizar uma tarefa proposta, ter melhorado e progredido.

C) SER IMPARCIAL, EVITANDO A TENDÊNCIA PARA INCENTIVAR E APOIAR PREDOMINANTEMENTE OS MAIS APTOS E DESENVOLVIDOS E "DESPREZAR" OS MENOS APTOS

Se aos mais aptos devem ser dadas oportunidades de expressar as suas potencialidades, aos outros, que apresentam mais dificuldades, deve ser dado o tempo suficiente para desenvolverem as suas capacidades, necessitando, talvez mais do que os primeiros, de apoio, orientação e enquadramento.

D) ESTABELECER COMUNICAÇÃO

A comunicação é a chave de todo o processo de aprendizagem.

Na verdade, o problema da aprendizagem não está, muitas vezes, no saber como ensinar, mas na incapacidade de comunicar.

O desenvolvimento da confiança de quem ensina, etapa esta fundamental do processo de comunicação, é essencial à criação da disposição para aprender, e baseia-se para o praticante nos seguintes pontos:

Durante a explicação, o técnico deve usar uma linguagem simples e concreta.

— o que estão me ensinando, é útil para mim;
— quem ensina quer que eu melhore;
— quem ensina "gosta" de mim, me dá atenção;
— quem ensina sabe o que me deve ensinar;
— quem ensina sabe o que me vai ensinar;
— quem ensina tem confiança em mim;
— compreendo quem me está ensinando.

Embora a comunicação e o processo ensino-aprendizagem envolvam igualmente as duas partes, compete ao Técnico tomar a iniciativa e dirigir esses processos.

Assim, para poder estabelecer comunicação com os praticantes e ganhar a confiança destes, o Técnico deve, em primeiro lugar, questionar-se a si próprio, com regularidade, e poder responder de forma afirmativa às seguintes perguntas:

— estou agindo em função do indivíduo a quem me dirijo?
— estou dando atenção a todos os praticantes?
— estou criando as oportunidades suficientes para que os praticantes expressem sem receio os seus pontos de vista, opiniões e sentimentos?
— estou mantendo suficientemente abertas as "linhas de comunicação"?
— quando um praticante expressa a sua opinião, ouço-o com atenção, incentivo-o a aprofundar as suas idéias e procuro compreendê-las?
— estou mostrando confiança aos praticantes?
— estou sendo suficientemente paciente para com os praticantes que apresentam mais dificuldades de aprendizagem?

— estou intervindo de forma serena, evitando hostilizar os praticantes que apresentam mais dificuldades de aprendizado e apresentam uma aprendizagem mais lenta?

— estou usando uma linguagem clara, concisa e significativa e sendo compreendido pelos praticantes?

— estou seguro daquilo que devo ensinar?

— estou seguro daquilo que quero ensinar?

— estou tentando avaliar o efeito das minhas intervenções?

Concluindo, a criação de um ambiente facilitador da aprendizagem depende, em grande parte, da capacidade que o Técnico tenha:

1 — para admitir que possam eventualmente estar em si os maiores obstáculos ao desenrolar, com sucesso, do processo ensino-aprendizagem;

2 — para considerar que os praticantes não são "máquinas" e têm sentimentos, emoções e opiniões, assim como dificuldades próprias;

3 — para considerar que os interesses e necessidades das crianças e jovens com quem trabalha são mais importantes do que os seus próprios.

TRÊS CONDIÇÕES ESSENCIAIS PARA ENSINAR AS TÉCNICAS

Se uma atitude adequada do Técnico é indispensável para proceder com eficácia ao ensino das técnicas que compõem o seu programa de ensino, ela pouco vale se não for completada com pelo menos outras três condições:

1 — Conhecer as Técnicas do Programa de Ensino

Ao ensinar uma técnica, o Técnico deve conhecê-la o mais profundamente possível, o que significa saber:

— descrevê-la e demonstrá-la;
— distinguir as várias partes que a constituem;
— quais são seus pontos fundamentais;
— quais os desvios de execução (erros) mais comuns e suas conseqüências;
— quais as correções essenciais que deve fazer.

Para simplificar a sua ação, o Técnico pode para cada técnica utilizar uma ficha conforme modelo que a seguir apresentamos, onde todos os aspectos mencionados podem constar.

DESCRIÇÃO DA TÉCNICA E/OU REPRESENTAÇÃO GRÁFICA	ERROS COMUNS	CONSEQÜÊNCIAS	CORREÇÕES

TÉCNICA:

DESCRIÇÃO DA TÉCNICA E/OU REPRESENTAÇÃO GRÁFICA	ERROS COMUNS	CONSEQUÊNCIAS	CORREÇÕES
	• Estender o pé, torcendo-o para dentro ou para fora • Joelho antes da bola • Inclinação do corpo • Só olhar para a bola • Não flexionar o joelho • Perna dura • Bola longe dos pés	• Desequilíbrio • Poderá chutar o chão • Chute fraco e sem direção • Distensão	• Posição do pé (apoio) que não chuta • Posição do pé que chuta • Posição do joelho da perna que chuta • Posição da cabeça no momento do chute • Equilíbrio do corpo

TÉCNICA: Chute simples (futebol de salão)

2 — Usar uma Metodologia de Ensino Adequada

O ensino das técnicas desportivas exige que o Técnico conheça e aplique os princípios e regras pedagógicas elementares que contribuem para resolver as situações e dificuldades normais decorrentes da aprendizagem.

Nos desportos, para que o praticante aprenda mais rapidamente e em melhores condições, são necessários ao ensinar uma técnica os seguintes pontos:

A) Respeitar o Ciclo **apresentação-execução-correção**

Para tornar efetivo o processo de ensino e aprendizagem, o Técnico deve começar a ensinar a **apresentação** da técnica, isto é, a sua explicação e demonstração, de modo que os praticantes possam adquirir dela, sobretudo por visualização, a necessária imagem mental.

Como segundo passo, o Técnico deve proporcionar a oportunidade de **execução**, por parte dos praticantes, da técnica aprendida: estes reproduzem, por imitação, a técnica explicada e demonstrada.

Finalmente, deve ter lugar a **correção**, em que o Técnico analisa a execução dos praticantes em geral e de cada um em particular, e, em caso de erros ou deficiências, informa-os deste ao mesmo tempo em que fornece as necessárias indicações para a sua correção.

B) Planejar e Ensaiar como Explicar/Demonstrar a Técnica**, a fim de, no momento próprio, não ter hesitações.**

C) Antes de Começar a Explicação/Demonstração o Técnico deve:
— **dispor os praticantes de forma que possa ser visto e ouvido por todos;**

— colocar-se de forma que possa ver e ouvir todos;
— esperar que se tenha criado um ambiente sereno e que todos os praticantes estejam prontos (atentos e concentrados);
— prender a atenção de todos usando a voz e a expressão corporal.

D — Durante a Explicação o Técnico deve:

— salientar para que serve e quando se aplica a técnica que vai ensinar;
— salientar apenas os aspectos fundamentais da técnica, evitando referir demasiados detalhes;
— usar uma linguagem simples e concreta;
— ser breve, evitando longos discursos;
— verificar as faces e as reações dos praticantes, procurando detectar sinais de compreensão ou de confusão (dúvida — falta de ordem ou método).

E — Durante a Demonstração o Técnico deve:

— demonstrar a técnica no seu todo (global) e à velocidade normal;
— acentuar apenas os aspectos fundamentais;
— repetir a demonstração várias vezes e de ângulos diferentes relativamente à posição dos praticantes;
— escolher os ângulos dos quais os praticantes devem observar os aspectos principais da técnica;
— usar palavras-chaves ou frases curtas que ilustrem adequadamente os aspectos fundamentais da técnica.

PARA PEQUENOS GRUPOS

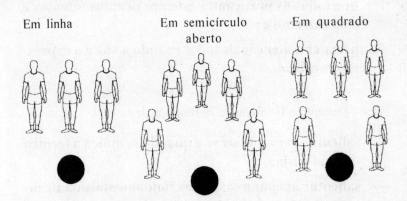

PARA GRANDES GRUPOS

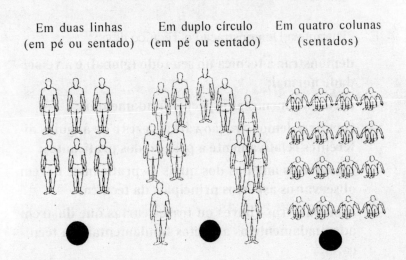

F — Durante a Execução (Correção) o Técnico deve:

— permitir que os praticantes realizem um número razoável de tentativas antes de proceder às primeiras intervenções (correções);

— começar por fazer correções dirigidas a todo o grupo:
- usando palavras-chaves ou frases curtas para relembrar os aspectos fundamentais da técnica;
- mostrando, sem especificar os autores, os erros que estão sendo cometidos e a correspondente execução correta;
- interrompendo e voltando a demonstrar;

— concentrar a sua atenção essencialmente sobre os erros mais significativos e importantes, isto é, os que são relativos aos aspectos fundamentais da técnica:

— individualizar progressivamente as suas intervenções:

1. Aos que "entenderam" a técnica, realçar esse fato e os aspectos que estão para ser cumpridos, confirmando as ações corretas;

2. Aos que tiveram dificuldades, indicar o que estão fazendo incorretamente e como deveriam executar:

    - dando imagem (imitação) quer do erro quer da execução correta;
    - sendo afetuoso, sereno, em vez de ríspido e hostil, evitando "gozar" com os erros (sobretudo quando faz a sua imitação);

- evitando zangar-se ou mostrar um ar aborrecido;
- confirmando os efeitos das suas correções;
- fazendo intervenções algumas vezes "em separado", retirando o praticante do grupo de trabalho em que está incluído;
- realçando publicamente e sempre que possível os seus pequenos progressos;

— distribuir a atenção a todos os praticantes, fazendo a cada um pelo menos uma ou duas observações;

— alternar a observação global de todos os praticantes com observações individualizadas, para o que deve ir ocupando diferentes posições;

— evitar corrigir muitos pormenores ao mesmo tempo;

— para ficar mais disponível e à medida que a aprendizagem se desenvolve, formar algumas vezes pares de trabalho em que um praticante mais "avançado" ajude um mais "atrasado".

G — Para Melhorar a Execução Técnica, o Técnico deve:

— proporcionar um número considerável de repetições em situações simples;

— introduzir progressivamente elementos de dificuldade à execução da técnica;

— variar as condições de aplicação da técnica;

— ensinar os praticantes a "repetir" a técnica mentalmente;

— dividir cada técnica nas suas partes fundamentais e "trabalhar" cada uma delas.

3 — "Construir" um Dossiê de Exercícios

Ao programa do ensino — conjunto das técnicas a ensinar — deve corresponder um programa de exercícios variados que, sob a forma de caderno ou dossiê, constitui, sem dúvida, um instrumento de trabalho indispensável ao Técnico, que deve ir recolhendo exercícios das fontes mais diversas e incluí-los no respectivo dossiê, para o que pode utilizar uma ficha do tipo que apresentamos às págs. 44 a 46.

Do dossiê devem constar, para cada técnica do programa de ensino, três tipos de exercícios:

a) exercícios que recorrem apenas à forma global da técnica em aprendizagem, aplicada em situações simples;

b) exercícios de simplificação da técnica, que isolam e acentuam cada uma das suas partes fundamentais;

c) exercícios de integração da técnica, que promovem a sua utilização em situações mais complexas e variadas:

— combinando várias técnicas;
— introduzindo oposição (se a técnica admite a sua inclusão);
— recorrendo a exercícios competitivos ou formas jogadas.

DESCRIÇÃO DA TÉCNICA E/OU REPRESENTAÇÃO GRÁFICA	OBJETIVO	ASPECTOS ESSENCIAIS A ACENTUAR	OBSERVAÇÕES
B A → Trajetória da bola - - → Trajeto do jogador sem bola	• Aprendizagem com aperfeiçoamento do chute • Recepção • Passe	• Atitude corporal - Contato com a bola. - Uso dos pés: (esquerdo e direito) - Sola dos pés (recepção)	Receber Correr Passar Chutar

EXERCÍCIOS DE: Recepção, passe e chute (Futebol de Salão)

DESCRIÇÃO DA TÉCNICA E/OU REPRESENTAÇÃO GRÁFICA	OBJETIVO	ASPECTOS ESSENCIAIS A ACENTUAR	OBSERVAÇÕES
- Trajeto do executante com a bola	Aprendizagem com o aperfeiçoamento do drible	Atitude corporal, uso da visão Contato com a bola bem próxima dos pés	Correr conduzindo a bola por entre as entusas, deixá-la com o companheiro e assim sucessivamente

EXERCÍCIOS DE: Drible (Futebol)

DESCRIÇÃO DA TÉCNICA E/OU REPRESENTAÇÃO GRÁFICA	OBJETIVO	ASPECTOS ESSENCIAIS A ACENTUAR	OBSERVAÇÕES

EXERCÍCIOS DE:

O TÉCNICO DEVE LEMBRAR-SE DE QUE:

- as crianças e os jovens o observam permanentemente, tomando-o como modelo e exemplo;
- os seus interesses como Técnico devem submeter-se aos das crianças e jovens;
- na iniciação desportiva dos jovens, *ensino, treino e competição* estão sempre presentes e relacionam-se entre si;
- não deve situar as suas preocupações exclusiva ou excessivamente na vitória;
- a *atitude do técnico* contribui diretamente para alcançar os objetivos que deseja para o seu trabalho;
- a aprendizagem das técnicas, para ser bem-sucedida, exige o desenvolvimento simultâneo das técnicas corporais e das qualidades físicas;
- o Técnico tem de ser paciente e tolerante perante as dificuldades de aprendizagem e os erros cometidos pelos jovens;
- *a prática desportiva das crianças e dos jovens tem de se distinguir claramente da prática desportiva dos adultos*;
- cada criança e jovem aprende de forma individualizada, num ritmo próprio, desenvolvendo a sua própria curva de aprendizagem;
- o Técnico é co-responsável quer pelo sucesso quer pelo insucesso;
- *o técnico deve conhecer bem o que vai ensinar*;
- para que o praticante aprenda mais depressa e em melhores condições é necessário respeitar o ciclo *apresentação - execução - correção - repetição*;

- na explicação, deve-se salientar apenas os aspectos fundamentais da técnica, evitando referir demasiados detalhes e utilizando uma linguagem simples;
- o Técnico tem de concentrar a sua atenção essencialmente sobre os erros mais significativos das execuções que está ensinando;
- começar pelas correções dirigidas a todo o grupo dos praticantes e ir progressivamente individualizando suas intervenções;
- cada Técnico deve construir o seu dossiê de exercícios;
- deve distribuir a sua atenção a todos os praticantes, independentemente das suas maiores ou menores dificuldades.

PARTE II

PART II

FORMAÇÃO TÉCNICO-TÁTICA NOS JOGOS DESPORTIVOS COLETIVOS

Nesta segunda parte, iremos abordar alguns problemas teóricos e metodológicos da formação técnico-tática dos praticantes dos jogos desportivos coletivos. Partindo das características das atividades motoras deste grupo de modalidades, vão ser apresentados os pressupostos que determinam a prestação de uma boa capacidade de jogo. Iremos centrar-nos nas conseqüências que devem ser retiradas deste tema, no que respeita à fundamentação metodológica da preparação da técnica e tática nos jogos desportivos. O conhecimento dos vários aspectos e os vários graus do desenvolvimento da capacidade de jogo devem contribuir para tornar mais eficaz o ensino desta atividade desportiva.

Os jogos desportivos podem dar uma boa contribuição para a realização das tarefas e dos objetivos ligados à formação dos praticantes de uma atividade física consoante a idade e o nível dos atletas. O Futebol, o Futebol de Salão, o Handebol, o Voleibol, o Basquetebol e outros jogos desportivos coletivos oferecem muitas possibilidades para o desenvolvimento das habilidades e das capacidades condicionais e coordenativas, das capacidades técnicas e táticas, bem como das qualidades psicológicas dos atletas, fazendo aumentar a sua capacidade global de prestação motora desportiva. Trata-se, portanto, de saber utilizar na totalidade as suas potencialidades formativas e educativas, a fim de programar e construir com base num correto plano de intervenção um ensino eficaz, alegre e frutífero. Uma das metas mais importantes para que se alcancem os objetivos são os exercícios educativos e formativos inerentes à pratica dos jogos desportivos, que reside na existência de um ensino que lhes seja adequado e por sua vez atenda aos objetivos do jogo e à necessidade de que, através da sua integração recíproca, elas possam vir a atuar de modo convergente. Existem poucas certezas neste domínio, sobretudo no que diz respeito aos fundamentos metodológicos da formação técnico-tática dos praticantes que necessariamente acompanham aquele processo de aprendizagem.

Partindo das características típicas da atividade desportiva do jogo, forneceremos algumas linhas de comportamento bastante úteis para a formação dos praticantes dos jogos desportivos, tanto num quadro de ensino das modalidades no âmbito escolar como da sua prática em atividades extra-escolares.

AS BASES TEÓRICAS DA CAPACIDADE DE JOGO

Uma característica da atividade nos jogos desportivos é que todas as ações realizadas são fortemente determinadas do ponto de vista tático, o que fica a dever ao sistema de referência utilizado, que apresenta vários componentes — companheiros de equipe, adversários, bola, objetivos diferenciados (meta, cesto, linha de jogo), campo de jogo, onde todos os jogadores têm de se integrar — com os quais eles devem confrontar-se ativa e constantemente. As duas equipes formam assim duas entidades coletivas que planificam as suas ações para agir uma contra a outra, e cujo comportamento é determinado pelas relações de contraste (ataque-defesa) em relação à bola, à meta ou ao cesto próprio e do adversário.

A atividade de um jogo desportivo (desporto de equipe) realiza-se sempre em cooperação direta (interação) com os companheiros de jogo. Para que seja possível uma colaboração frutífera, que corresponda aos objetivos dos jogadores durante a sua participação no jogo, são necessárias capacidades específicas que permitam a completa organização do desenvolvimento do jogo, a coordenação das ações coletivas, bem como também as relações de comunicação recíproca e de cooperação que se estabelecem entre os jogadores.

Mais do que em outras modalidades, surgem neste caso em primeiro plano e interligadas as relações sociais entre os praticantes, entendidas como relações de reciprocidade e interpessoais, ligadas à realização de uma determinada tarefa nos jogos desportivos. Todo o comportamento coletivo tem por isso uma importância elevada.

As ações técnico-táticas, que os jogadores têm de escolher, devem ser sempre concordantes com as ações, ou com a antecipação feita às ações que os adversários têm intenção de realizar. Estes com seus atos diretos ou indiretos procurarão por sua vez impedi-las ou dificultá-las, sempre no respeito pelas regras do jogo, para o que poderão inclusivamente recorrer à utilização de fintas. Acrescente-se ainda que, a cada passo, os jogadores enfrentam adversários que se podem distinguir uns dos outros de modo significativo, tanto pela capacidade de rendimento que apresentam, como pelo comportamento específico revelado.

Outra das condições mais determinantes que caracterizam as modalidades dos jogos desportivos são as situações do próprio jogo, que sofrem mudanças permanentes e de uma forma rápida, que exigem a tomada de decisões táticas com rapidez e prontidão, que naturalmente irão conseguir condicionar as ações motoras executadas. O jogador dispõe por isso de uma grande liberdade de ação, que lhe abre normalmente numerosas possibilidades de agir.

Pode dizer-se que, em última análise, ele fica apenas sujeito às restrições impostas pelas regras da modalidade, pelo tempo de jogo e pelas linhas limites do campo.

Os jogos desportivos distinguem-se das outras modalidades pela existência de um grande número de combinações de movimento (feitos simultaneamente ou em sucessão) e pelo aparecimento de ações motoras coletivas. A dinâmica do jogo não permite ações predeterminadas, ou que o jogador possa reproduzir exatamente no desenrolar do jogo. Como tal, todas as ações de ataque ou de defesa, com ou sem bola, são ações discricionárias, que terão de ser resolvidas consoante as situações criadas e cuja realização requer numerosos programas de ação adequados às circunstâncias que rodeiam cada uma delas.

Entre as múltiplas variantes de solução que se podem produzir para uma determinada situação de jogo, vai ser escolhida mentalmente e depois realizada corretamente do ponto de vista motor e no mais breve intervalo de tempo possível a solução que for considerada ótima.

Esta breve análise da atividade de jogo permite ver claramente que as exigências impostas às capacidades de assimilação e tratamento das informações, bem como as capacidades coordenativas dos atletas, são extraordinariamente variadas. Por capacidade de jogo entende-se, por isso, a capacidade complexa que leva a poder utilizar, na sua ação recíproca, as capacidades condicionais e coordenativas, bem como as qualidades psicológicas dos atletas, e ainda as capacidades e as habilidades técnico-táticas necessárias às situações de ataque e defesa, para deste modo poder enfrentar e resolver de maneira racional, isto é, de modo adequado, a situação, os problemas existentes no jogo, que, como disse, estão em mudança permanente.

Assim, através dos jogos desportivos, são solicitados e desenvolvidos todos aqueles aspectos da personalidade que fazem parte da prestação típica do jogo, como resultado efetivo da própria atividade que nele se realiza.

REQUISITOS QUE IRÃO DETERMINAR A CAPACIDADE DE JOGO

Procuraremos expor, de uma maneira mais pormenorizada, os requisitos que determinam a capacidade de jogo do praticante de um jogo desportivo coletivo, o que vai depois constituir o ponto de partida para retirarmos então as respectivas conseqüências metodológicas.

REQUISITOS PSICOLÓGICOS

Para conseguir enfrentar com sucesso as exigências que caracterizam os jogos desportivos coletivos, é necessário possuir os requisitos psicológicos que a seguir apresentamos, os quais devem ser desenvolvidos e consolidados na aprendizagem, na exercitação, no treino e mesmo nas próprias competições em que os atletas participam.

Assim, torna-se necessária a presença de:

- **Qualidades volitivas**: qualidade de decisão e de coragem, tenacidade, disponibilidade para o esforço, autodomínio, perseverança, disponibilidade para arriscar, capacidade de adaptação, determinação.

- **Qualidades de atenção**: intensidade, concentração, distribuição, capacidade de mudança e persistência.

- **Funções cognitivas**: capacidades perceptivas (percepção do movimento e da posição dos companheiros de equipe, dos adversários e da bola), capacidade de raciocínio e de imaginação (antecipação, pensamento operativo, decisão), capacidades memoriais (retenção, reprodução, associação e transferência).

- **Qualidades psicossociais**: capacidade de cooperação (co-operação e subdivisão de funções), comunicação (verbal, não verbal, ou apenas através de gestos).

REQUISITOS TÉCNICOS

Tentaremos analisar mais cuidadosamente as premissas técnicas da capacidade de jogo.

Nos jogos desportivos, entende-se por **técnica** a execução do movimento adaptada às condições da situação de jogo e ao tipo somático do jogador, isto é, uma execução funcional e econômica, que leve à realização dos objetivos do jogo.

A técnica dos jogos desportivos subdivide-se em:

- **Técnica sem bola (movimentos de ataque e de defesa).**

- **Técnica com bola (passe e recepção, ações de finalização, fintas etc.).**

Nos vários jogos desportivos coletivos, qualquer destes dois grandes blocos inclui, por sua vez, numerosos elementos técnicos, a que se juntam ainda as respectivas variantes de execução.

Por isso, e generalizando, iremos agora recordar algumas das particularidades da técnica dos jogos desportivos:

— **Diversidade de elementos técnicos existentes, bem como das respectivas variantes de execução, com e sem bola.**

— **Técnica individual.**

— Combinações de movimentos (sucessão de ações), que pertencem aos vários componentes da técnica.

— Combinações motoras coletivas (coordenação de ações motoras efetuadas por vários jogadores).

— Rápida atuação dos programas de ação, consoante as necessidades colocadas pela situação de jogo.

— Variabilidade elevada nas execuções possíveis de uma mesma ação (sempre adaptada à situação).

— Grandes diferenças entre as velocidades de execução possíveis de se utilizar (desde uma velocidade elevada até uma execução momentaneamente mais lenta).

— Exatidão na forma como os atos motores são realizados, no que se refere à obtenção do objetivo pretendido (precisão).

— Execução motora sob a pressão direta e indireta do adversário.

— Utilização das ações individuais da finta.

— Utilização dos elementos técnicos em situação de esforço físico e psicológico.

REQUISITOS TÁTICOS

Tendo em conta que, nos jogos desportivos, todas as ações de jogo são determinadas pelo componente tático, entre os pressupostos que vão determinar a prestação da capacidade de jogo, considerada em termos globais, é preciso não deixar de incluir a inteligência e a capacidade tática.

A tática é, por vezes, definida como o conjunto das normas e dos comportamentos individuais que servem para, na situação de jogo, utilizar os pressupostos que a sustentam, otimizando-os, quer se trate dos componentes (capacidades) condicionais, motores ou psicológicos, tendo sempre em conta as grandes linhas de conduta, as capacidades de prestação e a maneira de jogar do adversário, as condições externas existentes, as regras de jogo e as próprias condições particulares da competição.

Da tática dos jogos desportivos fazem parte a tática individual e a tática coletiva, tanto do ataque como da defesa.

Qualquer delas tem à sua volta numerosos processos de soluções táticas individuais e coletivas, de um grupo e de toda a equipe, que, para cada modalidade em causa, podem ainda ganhar características particulares.

Para resolver os vários problemas provocados pelas situações de jogo, os atletas devem tomar rapidamente as decisões táticas que vão ser necessárias a cada caso, adequando-as ao objetivo perseguido. Irão fazê-lo com base na **percepção** e na **antecipação** da situação, escolhendo entre um número mais ou menos grande de alternativas de ação (capacidade tática).

O grande número de jogadores e adversários presentes, a multiplicidade das ações e decisões possíveis tornam as condições que rodeiam a tomada desta decisão bastante complexas.

O praticante, antes de decidir sobre a solução que ele considera como a melhor, vai em primeiro lugar percorrer mentalmente diferentes variantes possíveis (alternativas de solução), sendo necessário que o faça num intervalo de tempo muito curto. Em seguida, toma uma decisão que, naturalmente, visa alcançar o objetivo da ação em causa (o passe, o arremate, "o drible" ou qualquer outro — **decisão do objetivo da ação**), e escolhe um programa de ação adequado (variante executiva de uma determinada técnica — **decisão do programa de ação**), que depois, vai tentar realizar do ponto de vista motor.

As ações de jogo a escolher devem estar em concordância, no espaço e no tempo, com as dos companheiros de jogo, quando se tratar de variantes de soluções táticas coletivas (ataque rápido, mudança de solução escolhida, defesa à zona, pressão sobre os adversários, recepção de um passe).

Os conhecimentos e as experiências táticas anteriores desempenham nestes casos um papel bastante importante.

Recordemos também que as capacidades táticas nos jogos desportivos coletivos estão ainda submetidas a outro tipo de exigências:

— **Pluralidade das condições que vão influenciar a decisão (companheiros de equipe, adversários etc.) e mudança contínua das situações em que é necessário decidir.**
— **Perante a escolha de soluções definitivas (decisões freqüentes) entre uma quantidade diversificada de alternativas de ação.**
— **Alternância freqüente de escolhas "seguras" e de escolhas "arriscadas", bem como de soluções "individuais" e "coletivas".**
— **Sucessão de escolhas realizadas quase sempre com grande rapidez.**
— **Necessidade de efetuar escolhas durante a execução das próprias ações motoras, mesmo sob o influxo de fortes processos emocionais, de cargas físicas e psicológicas elevadas, em jogos com uma duração elevada.**

REQUISITOS COORDENATIVOS E CONDICIONAIS

Para a realização dos movimentos exigidos pela prática dos jogos desportivos, é necessário, por um lado, que as capacidades coordenativas e condicionais possam exprimir-se a um certo nível e, por outro lado, que estas últimas possam ser desenvolvidas pelo próprio jogo.

As **capacidades coordenativas** são determinadas, em primeiro lugar, pela função de coordenação motora que os movimentos obrigam a estar presente, que se apresenta numa estreita interação com as diferentes habilidades motoras.

As capacidades coordenativas que requerem importância fundamental nos jogos desportivos são as seguintes:

- **Capacidade de controle motor**, ou seja, a capacidade de executar os próprios movimentos segundo um programa motor antecipado e adequado à tarefa de jogo.

- **Capacidade de reação motora**, isto é, de reagir rapidamente e de maneira adequada às solicitações do movimento. Nos jogos desportivos, trata-se sobretudo de reações complexas, através das quais se tenta reagir, rapidamente e de um modo exato, a sinais que não se conhecem antecipadamente, e que podem ser muito diferentes perante ações bastante diversificadas, que surgem de uma maneira que não está previamente estabelecida.

- **Capacidade de diferenciação motora**, que consta na capacidade de adaptar (agir em concordância) de modo preciso, do ponto de vista dinâmico, os movimentos parciais do corpo e as fases motoras da execução das ações na sua globalidade, por parte do jogador, com ou sem bola, o que depois se vai expressar na elevada precisão com que as ações de jogo são realizadas, apesar da oposição colocada pelo adversário, e no domínio do chamado "sentido da bola".

- **Capacidade de combinação motora**, ou seja, a capacidade de coordenar muitas formas autônomas de movimentos (elementos técnicos) em combinações de ações (sucessão de ações).

- **Capacidade de transformação motora**, isto é, a capacidade de corrigir ou substituir durante a sua execução a ação inicialmente programada, na seqüência de mudanças inesperadas que surgem, interferindo na situação que está a decorrer (ações diretas dos adversários, comportamento imprevisto dos companheiros de equipe).

Entre os requisitos condicionais específicos, incluem-se em particular os seguintes:

— **Força explosiva.**

— **Expressão da força de lançamento ou de arremate.**

— **Impulsão e capacidade de interrupção dos movimentos.**

— **Velocidade de deslocamento.**

— **Velocidade de execução dos movimentos acíclicos e das combinações de movimentos.**

— **Resistência.**

— **Resistência da força explosiva.**

— **Resistência na aceleração (arranques rápidos).**

— **Resistência de tipo complexo (resistência para um jogo ou para um torneio).**

Depois de termos tratado pormenorizadamente os requisitos que consideramos decisivos para o aparecimento de uma capacidade de jogo elevada, não queremos deixar de salientar mais uma vez que a essência dessa capacidade está na **interação** e na **integração** que se venha a verificar entre os vários componentes. A tarefa essencial do ensino desta prática desportiva é a de que todos os seus componentes sejam formados e aperfeiçoados em conjunto, paralelamente ou um após outro, no quadro da formação física geral de base e por meio dos jogos desportivos, em particular durante as horas dos treinos.

PRINCÍPIOS METODOLÓGICOS PARA O DESENVOLVIMENTO DA CAPACIDADE DE JOGO

Depois de terem sido apresentados os aspectos característicos da atividade desportiva de jogo, bem como os requisitos que determinam a capacidade de jogar, iremos fazer uma tentativa para chegar às conseqüências que dali resultam para o seu desenvolvimento metodológico, ou seja, para a didática dos jogos desportivos.

O princípio fundamental para a formação dos praticantes dos jogos desportivos é a criação de pressupostos e a respectiva utilização na situação de jogo, processo que é dirigido de forma consciente no sentido de ir aumentando, sistematicamente, as várias exigências da situação.

Entende-se por criação dos requisitos para o desenvolvimento das capacidades de jogo o desenvolvimento das capacidades condicionais e coordenativas, das habilidades técnico-táticas e das qualidades psicológicas dos praticantes.

A sua aplicação no jogo, o desenvolvimento dessa capacidade de jogar através do próprio jogo, surge paralelamente ao desenvolvimento diferenciado e complexo dos citados pressupostos, através de uma progressão metodológica, inicialmente com exercícios ou jogos de preparação onde as condições podem ser tornadas mais fáceis, face às condições da verdadeira competição, podendo depois chegar-se mesmo à utilização de condições mais difíceis do que aquelas que são fornecidas pela competição.

O objetivo final será o da utilização no jogo de todas essas capacidades, o que, ao mesmo tempo, constitui o termo de comparação que vai permitir analisar a capacidade e a disponibilidade do atleta para realizar aquelas tarefas.

O seu uso na competição será tanto mais fácil quanto melhor se conseguirem desenvolver e consolidar os vários componentes que fazem parte da prestação em formas semelhantes às do jogo.

A formação técnico-tática assume, portanto, na didática dos jogos desportivos coletivos, uma posição central. Passaremos em seguida a ilustrar os seus aspectos principais, que é preciso ter em atenção, simultânea e sucessivamente.

1º ASPECTO

Aprender a Estabilizar e a Aperfeiçoar as Habilidades Motoras Necessárias ao Jogo

Este ponto exige muito especificamente a aprendizagem motora de seqüências de movimentos, individuais e coletivos, tanto na sua forma global como nos seus componentes mais pormenorizados, e ainda a estabilização da coordenação fina (aperfeiçoamento do programa de ação) e sua adaptação às condições que se alteram face às seguintes modificações:

— **Variação do "tempo" dos movimentos, das distâncias, da direção, da bilateralidade etc.**

— **Diferentes combinações entre os vários elementos técnicos e as suas variantes de execução (combinações em seqüência e simultâneas).**

— **Coordenação e sintonia, no espaço e no tempo, dos movimentos próprios com os dos companheiros de equipe, particularmente nas ações com bola.**

— **Aumento do nível de solicitação colocada aos atletas do ponto de vista coordenativo, condicional e psicológico.**

A figura 1 mostra como se procede, do ponto de vista metodológico, para desenvolver as capacidades motoras para o jogo.

Figura 1
Sucessão metodológica para o desenvolvimento das habilidades motoras do jogo.

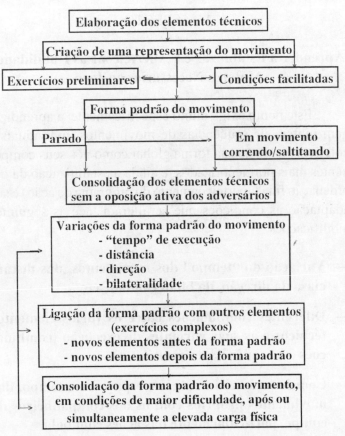

ELABORAÇÃO DOS ELEMENTOS TÉCNICOS

Quando se quer ensinar um elemento técnico novo (um "drible", um arremate a gol, um lançamento ao cesto, uma parada de dois tempos), deve-se começar por dar ao praticante uma apresentação do movimento o mais exato possível, recorrendo tanto à demonstração como à explicação.

Convém verificar se existem exercícios preparatórios (propedêuticos) racionais, de modo a facilitar o processo de aprendizagem (por exemplo, a aquisição do ritmo dos apoios de lançamento na passada do basquetebol, sem utilização da bola), e se é possível criar situações facilitadoras, em função da idade e do nível de prestação do praticante (por exemplo, bola mais leve, rede de voleibol mais baixa, distâncias menores). As possibilidades e as necessidades são muito diferentes quando se passa de um elemento técnico para outro.

Em muitos casos, desde o início do processo de aprendizagem se introduz diretamente a forma padrão do movimento considerado, se possível primeiro com o atleta parado e, só depois, com ele em movimento (passe, pegada da bola, ações de finalização). O jogador deve exercitar estes elementos com estruturas de exercícios relativamente estáveis.

Sempre que possível, deve-se recorrer a repetições freqüentes dos elementos técnicos em questão, efetuadas em condições que permaneçam quase sempre constantes (por exemplo, exercitar um determinado tipo de passe ou arremate em duas colunas, progredir com a bola em linha reta etc.).

CONSOLIDAÇÃO DOS ELEMENTOS TÉCNICOS

Depois de ter sido aprendida a forma padrão do movimento, os elementos técnicos deverão ser exercitados de modo diferenciado, começando por fazê-lo sem oposição do adversário e depois em combinação com outros elementos técnicos. As variações da forma padrão do movimento deverão surgir de maneira diferenciada, em correspondência direta com aquela que vai ser usada na competição (conferir este dado com a seqüência da figura 1). Assim, por exemplo, no caso do passe, podemos exercitar este elemento técnico com maior ou menor velocidade, com distâncias variáveis e em diferentes direções, só com um dos pés, com os dois, de costas, de lado etc.

As ações de finalização são aperfeiçoadas através da respectiva execução em diferentes direções, com distâncias variáveis, em movimentos executados com diferentes velocidades.

Uma etapa importante neste processo é a da combinação da forma padronizada do movimento com outros elementos técnicos, depois de se haver considerado várias possibilidades neste domínio (elementos adicionais que podem ser incluídos imediatamente antes ou no fim da respectiva execução), em cada caso, aperfeiçoando-se, treinando-a através de exercícios complexos. A condução da bola, por exemplo, poderá ser antecedida de uma recepção, com o jogador parado, em corrida ou em salto; e, depois de realizar aquela ação numa certa distância, poderá ser finalizada com um passe ou um arremate a gol.

Na aprendizagem dos elementos técnicos, vão ter de ser criadas, condições de maior dificuldade portanto, que coloquem maiores exigências ao nível do componente condicional, coordenativo ou psicológico, e que, em termos de treino desportivo, podem mesmo chegar a graus de dificuldades superiores ao que acontece na competição.

Recordemos, por exemplo, as seguintes situações particulares:

— **O aperfeiçoamento da técnica através de um número elevado de repetições, com forte solicitação em termos de velocidade, após uma carga física elevada.**

— **O treino do lançamento ao cesto no basquetebol, usando aros sem tabela.**

— **O aperfeiçoamento do arremate a gol, usando para tal uma parede especial, onde se assinalem diferentes zonas de alvo.**

— **Arremates de voleibol acertando em zonas marcadas no solo, arremates e blocos na mesma modalidade, com rede a uma altura mais elevada.**

— **Exercícios com aparelhos especiais que não permitam um controle visual completo, e a que se recorre, por exemplo, no caso da progressão com a bola em "drible".**

A este nível a escolha dos exercícios é feita de tal maneira que os praticantes podem começar por concentrar-se primeiro na execução motora do elemento técnico (**momento da execução, desenvolvimento, velocidade de execução**) sem que previamente tenham sido feitas opções do ponto de vista técnico (relativamente ao objetivo da ação).

Quem se está exercitando antes de começar o exercício respectivo precisa conhecer exatamente a forma como ele se desenrola, pelo que devem ser-lhe transmitidos os seguintes dados: **a sucessão dos momentos do exercício**: o elemento técnico ou a variante que deve utilizar, a distância a percorrer, a lateralidade (mão ou pé, esquerdo ou direito, lado direito ou lado esquerdo).

Aquilo que se pede, no que se refere à recepção e ao tratamento das informações relativas a estes exercícios que não consideram a existência de oposição ativa do adversário, é que deverão ser coisas muitos simples, a fim de tornar mais fácil, para o atleta, a assimilação dos diferentes programas de ação específicos daquela modalidade. Para desenvolver os pressupostos técnicos necessários ao jogo, é necessário exercitar a execução do movimento respectivo, seja em condições predeterminadas e fixas, com um número de repetições relativamente elevado, seja em condições de permanente alteração (direito/esquerdo, próximo/longe, rápido/lento). As figuras 2 e 3 poderão servir de exemplo àquilo que nos referimos.

trajetória da bola: – – – – – →

percurso sem bola: ⎯⎯⎯⎯→

condução da bola: ᨇᨇᨇ→

atacante sem bola: △

atacante com a bola: △•

jogador de defesa/goleiro: ☺

ação final de arremate: ⇒

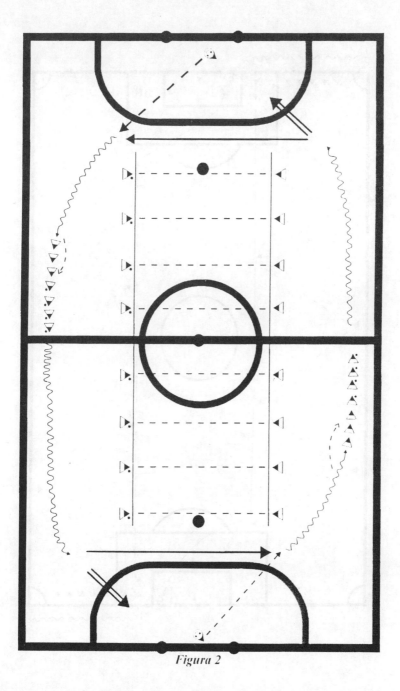

Figura 2

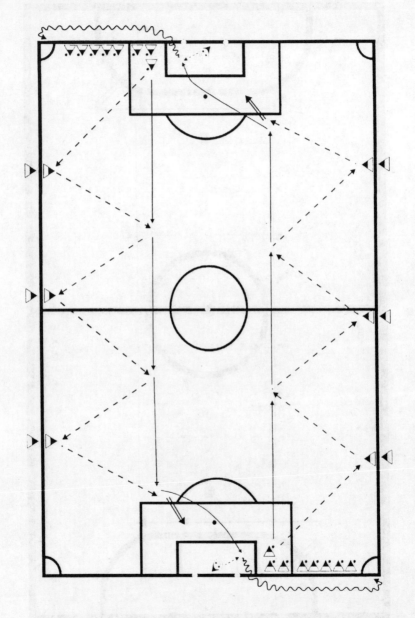

Figura 3

Este nível formativo tem um papel importante antes do mais no ensino, a atletas que se iniciaram na prática da modalidade, com quem realizamos a correspondente preparação (treino de base).

Convém, no entanto, considerar que a percentagem de tempo destinada a este objetivo, durante a formação, é sempre menor do que aquela em que se aplicam ações de jogo adequadas à situação, solicitando uma tomada de decisão.

2º ASPECTO

Aprendizagem, estabilização e aperfeiçoamento das ações técnico-táticas, determinadas por uma situação onde é preciso resolver problemas operacionais, individuais e coletivos, de ataque e defesa.

A principal intenção deste ponto é o desenvolvimento da capacidade de decisão tática, sob a forma de escolha de programas e objetivos de ação, baseados em percepções e antecipações corretas das situações de jogo, bem como o desenvolvimento e a estabilidade da execução de ações motoras adequadas à situação em condições ainda simplificadas, relativamente ao que se exige em competição.

Em primeiro plano, encontram-se o desenvolvimento e a estabilidade das operações individuais e coletivas de ataque e de defesa semelhantes às do jogo, que levem em conta a presença do adversário e exijam a tomada de decisões táticas.

A gama de meios de treino para esta finalidade vai desde as situações "construídas" com relativamente poucas alternativas de solução até uma forma de jogo muito próxima da competição, visando o entendimento, a utilização tática, ou a criação consciente de situações preparadas por aquela solução particular.

Na figura 4, está exposto o processo metodológico para o desenvolvimento da capacidade tática relativa à execução das ações motoras adequadas àquela situação.

Figura 4
Sucessão metodológica para o desenvolvimento de ações técnico-táticas condicionadas por uma determinada situação

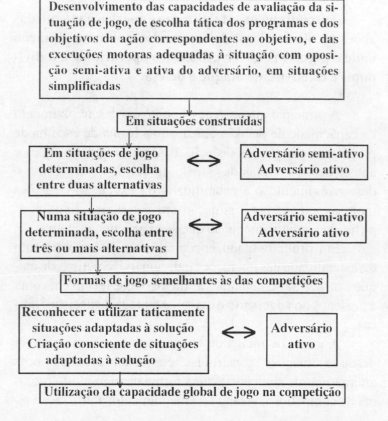

Um exemplo de "situação construída" é apresentado nas figuras 5 e 6, onde a possibilidade de escolha das soluções está inicialmente limitada (2 ou 3 alternativas) e em que a situação de jogo é bastante estável.

Na figura 5, apresenta-se uma situação de um contra um, com espaço de ação tanto para a direita como para a esquerda. O atacante tem como tarefa tentar ultrapassar o seu defesa, que primeiro irá assumir uma atitude semi-ativa e depois ativa.

Em função das reações da defesa, o atacante vai tentar ultrapassá-lo através de uma mudança de velocidade ou através de uma finta.

Com a aprendizagem e o correspondente domínio de outras formas de ultrapassar o adversário, o atacante precisa então aprender a escolher a qual delas, ou qual das respectivas variantes, se adapta melhor para resolver uma situação concreta, face à distância, ao comportamento do adversário, aos espaços livres de ação ao seu dispor etc., decidindo-se pela que lhe parecer mais racional. Depois disso, resta-lhe ainda estar em condições de poder executar corretamente a solução motora que lhe corresponde.

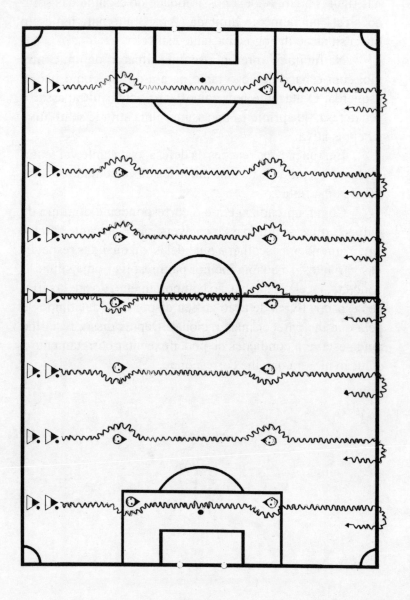

Figura 5

Na figura 6, apresenta-se uma situação de dois contra um, quem tem a bola naquele momento, face à proximidade do adversário e de acordo com o respectivo comportamento, deve decidir entre passar a bola ao seu companheiro (se o adversário tentar fazer-lhe oposição direta), e continuar a progredir com a bola até finalizar a ação (se não for atacado pelo adversário).

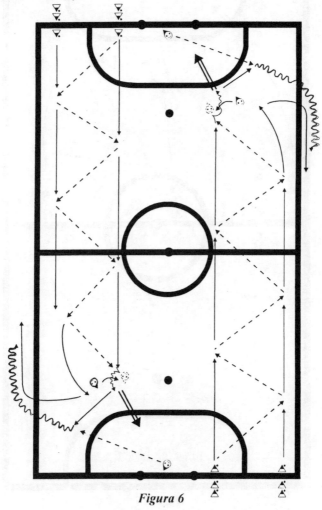

Figura 6

Na figura 7, apresentam-se situações de três contra dois com diferentes variantes. As alternativas de solução, neste caso muito mais numerosas, obrigam a que a situação seja pressionada antecipadamente, na sua globalidade.

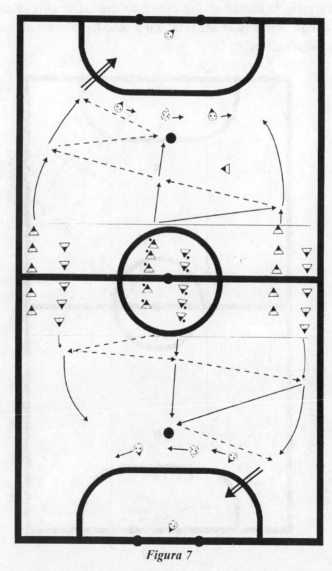

Figura 7

De acordo com o comportamento dos seus dois companheiros de equipe, e dos dois adversários igualmente presentes, é preciso encontrar, no mais curto intervalo de tempo, a solução tática mais correta, e executá-la em seguida da forma mais adequada.

Nas formas de jogo próximas da competição, o jogador é colocado mais uma vez frente a tarefas muito diversificadas. Em situações de jogo que permanentemente se alteram, o jogador deve aprender a reconhecer ou a criar aquelas onde é possível utilizar determinadas ações táticas.

Para poder usar uma finta num adversário, como exemplo de uma forma de jogo próxima da realidade da competição, poderemos dispor de várias formas de exercício. Neste caso, não existem à partida nem situações de um contra um nem espaços livres de ação. As ações táticas da equipe ou de grupo podem ser treinadas através de diferentes formas de treino para as referidas situações de jogo, feitas em relação a uma meta ou a um cesto, existindo uma determinada relação numérica com os adversários, que pode ser de superioridade, de igualdade ou de inferioridade.

Neste caso, as formas de jogo, com um menor número de jogadores, exigem em geral menos da capacidade de percepção, de coordenação, da parte do jogador visado, visto que ele vai ter de prestar atenção, e desta forma levar em conta um número inferior de companheiros de equipe e de adversários, no momento da tomada de decisão, existindo além disso um maior espaço de ação. Normalmente, atribui-se a esta forma de jogo um valor elevado, dado que a mudança contínua das situações que ali surgem obriga a que os atletas se adaptem também, de modo contínuo, às referidas situações.

Aquecimento...

3º ASPECTO

Desenvolvimento, Estabilização e Aperfeiçoamento da Capacidade Global de Jogo

A característica específica do terceiro aspecto que vai agora assinalado é o desenvolvimento da capacidade global de jogo.

Paralelamente à formação das capacidades e habilidades coordenativas, condicionais, psicológicas e técnico-táticas, dedica-se uma grande atenção ao desenvolvimento da capacidade global de jogo, através do próprio jogo, e ao aperfeiçoamento de comportamento que lhe esteja adequado, dado que os fatores anteriormente citados representam, em última análise, apenas os seus pré-requisitos. A verdadeira capacidade de jogo é o resultado da interação racional que entre eles se estabelece e da respectiva utilização na competição propriamente dita.

Como tal, atribui-se a esta fase um papel-chave em todo este processo.

O desenvolvimento da capacidade global de jogo é prioritariamente conseguido através das situações de jogo criadas nos treinos, nos jogos-treino e nas competições oficiais.

Os objetivos traçados para os jogos-treino são naturalmente diferentes em função da idade dos praticantes e do nível de prestação que eles já alcançaram.

SITUAÇÕES DE JOGO EM CONDIÇÕES FACILITADAS

A introdução do jogo com duas metas (ou dois cestos) é feita após um período de tempo em que se recorre à realização de pequenos jogos preparatórios, formas lúdicas e competitivas (no caso das crianças com cerca de 10/11 anos de idade).

Na apresentação do jogo são referidas apenas algumas das regras principais, o tempo de jogo é mais reduzido, sendo ainda concedidas algumas facilidades que estejam em correspondência com a idade e com a capacidade de prestação dos praticantes (bola mais leve, dimensões do campo de jogo mais reduzidas, traves mais baixas, cestos mais baixos, rede mais baixa etc.).

Inicialmente, faz-se apelo apenas às capacidades técnicas de base, que se revelam também como as mais simples. Na composição tática, dominam as ações táticas individuais e as mais simples combinações coletivas.

COMPETIÇÕES DE TREINO EM CONDIÇÕES PRÓXIMAS DAS DE COMPETIÇÃO

Este tipo de competição é realizado no quadro do grupo de jogadores (na atividade escolar, na preparação da equipe e nas atividades esportivas de base), prevendo-se já a existência do número de jogadores e o cumprimento integral das regras, tal como está determinado no regulamento oficial da modalidade.

O caso dos jogos-treino é diferente; são efetuados com outras equipes, e têm como objetivo fazer a preparação direta para as competições oficiais, utilizando-se naturalmente as regras oficiais da modalidade. De jogo para jogo o técnico irá aumentando as exigências que coloca aos seus jogadores.

Antes...

Paralelamente à realização da aprendizagem técnico-tática, vai-se também melhorando quer o repertório técnico dos jogadores, quer a qualidade da sua execução motora. Para os praticantes, é importante o fato de terem oportunidades suficientes para poderem aplicar os elementos técnicos aprendidos nos treinos ou nos jogos anteriores, sendo necessário continuar a trabalhar para se conseguir fazer reduzir os erros técnicos que se verifica estarem ainda sendo cometidos.

Os jogos-treino ou as fases de jogo criadas no treino servem assim para aplicar as ações técnico-táticas anteriormente aprendidas no âmbito da tática individual ou coletiva, de ataque e de defesa, procurando-se assim consolidá-las no decorrer do jogo quando se julgar oportuno, tendo-se assim oportunidade para chamar a atenção ou clarificar determinados componentes, através de novas demonstrações e explicações.

Colocando aos praticantes objetivos específicos, consegue-se que eles recorram às ações táticas que já conhecem e dominam.

Particularmente na atividade desenvolvida fora do âmbito escolar, depois de se ter feito a introdução de um dado sistema tático coletivo (por exemplo, sistemas de jogo no futebol de salão: 2x2 ou 3x1 — 1x3) ou de defesa (por exemplo, a defesa marca homem a homem ou por zona), segue-se normalmente uma outra fase, na qual se procura ampliar o conhecimento a este nível, aplicando novos sistemas de ataque e defesa, que serão utilizados de modo variável, em função da concepção tática do técnico e também do adversário com que se vai defrontar.

Dessa maneira, o nível de jogo vai sempre aumentando através de um contínuo aperfeiçoamento e de uma melhoria da aplicação das ações e procedimentos táticos individuais e coletivos, bem como da sua utilização nos jogos-treino, sempre sob a orientação consciente, por parte do técnico, do programa de trabalho que está sendo efetuado.

É necessário o respeito estrito às regras apresentadas, e que todos os jogadores da equipe tenham ocasiões suficientes para participar no jogo.

FASES DE JOGO NO PRÓPRIO TREINO, REALIZADAS EM CONDIÇÕES MAIS DIFÍCEIS DO QUE AS COLOCADAS PELA REALIDADE DA COMPETIÇÃO

Para preparar da melhor maneira os jogadores para os jogos do campeonato, recomenda-se a inclusão de fases de jogo, ou jogos completos, cujas condições sejam temporariamente mais difíceis e exigentes do que aquelas que são colocadas para aqueles confrontos oficiais. Pode-se conseguir este aumento de dificuldade intervindo sobre o aspecto físico, técnico, tático ou psicológico, embora, quase sempre, aumentando a exigência colocada apenas sobre um deles; os restantes serão também influenciados, aumentando assim o nível de solicitação que foi colocado ao praticante.

4º ASPECTO

Utilização e Aperfeiçoamento da Capacidade Global de Jogo, em Competições Oficiais.

O jogo de campeonato é o objetivo e a pedra de toque de todos os esforços precedentes. Os jogadores devem demonstrar até que ponto são capazes de utilizar com sucesso, em condições de competição, as suas capacidades técnica e tática, aprendidas e consolidadas durante a preparação a que estiveram submetidos — caso essa preparação tenha sido o suficiente.

A competição põe as maiores exigências ao nível das várias capacidades, bem como da sua integração, permitindo realizar plenamente as potencialidades educativas e formativas inerentes aos jogos desportivos coletivos.

No caso da disciplina de Educação Física, realizar-se-ão preponderantemente estes jogos no meio da turma, os quais, através de uma motivação, assumirão as características de um jogo "sério".

Os jogos deverão ser avaliados, para depois se considerarem as conseqüências que vão influenciar posteriormente a atividade de treino e de ensino.

Todos os aspectos e os momentos metodológicos que resumidamente acabamos de apresentar deverão servir para exemplificar as principais necessidades de uma formação técnico-tática nos jogos desportivos coletivos; no entanto, a este propósito convém salientar mais uma vez que, na formação do praticante, todos estes aspectos se irão aplicar no tempo, tanto de um modo seqüencial como simultaneamente (ver tabela 1). Através de uma escolha adequada dos exercícios e dos métodos de treino a utilizar, bem como da respectiva aplicação prática, o técnico deverá melhorar a qualidade da preparação efetuada e, desta maneira, a eficácia do processo de formação do praticante de cuja direção é ele o principal responsável.

Para alcançar os diferentes objetivos particulares que integram esse trabalho, o treino deverá colocar tipos de exigências complexas, específicas e polivalentes.

Durante...

PRESENÇA POSITIVA E CONFIANTE DO TÉCNICO NO LOCAL DA COMPETIÇÃO

Uma correta preparação psicológica dos atletas para o dia da competição parece vir a ser ajudada pela presença de um técnico calmo, que mostre confiança nas suas possibilidades, que lhes transmita elementos positivos, como **"está com bom aspecto"** ou **"vai conseguir alcançar o seu objetivo"**, e que lhes recorde apenas os pontos mais importantes do plano estabelecido para a competição, a fim de conseguir uma focalização de sentido positivo nas tarefas por ela exigidas.

A existência de outros tipos de comportamentos tem-se revelado, pelo contrário, bastante negativa, fazendo os praticantes entrarem facilmente em pânico; o excesso de preocupações com pormenores insignificantes; a tentativa de comunicar aos atletas muitas informações técnicas; os excessos de intervenção, tanto numa perspectiva positiva como negativa; a definição no último momento de um objetivo irrealista; a intromissão excessiva do técnico ou o fato de assumir naqueles instantes atitudes dominantes — tudo isso são exemplos de comportamento que, por serem ineficazes, os técnicos devem evitar no local da competição.

Para cumprir adequadamente as tarefas desses momentos, vai-se exigir do técnico planejamento e organização, em estreita colaboração com os atletas, a fim de se estabelecer, antecipadamente, uma estrutura orientadora e uma programação das ações que o irão apoiar no local da competição. Além disso, é necessário que o técnico faça uma reflexão prolongada, no sentido de elaborar o seu próprio plano de competição, com o fim de garantir que ele possa vir a ser (ou pelo menos a agir como) o técnico que os atletas precisam naqueles momentos.

O desenvolvimento deste plano de intervenção para uma competição importante deverá começar a ser feito, no mínimo, dois ou três meses antes do seu início, principiando por estabelecer uma boa troca de impressões com os próprios atletas.

Nessa altura, deve-se poder concluir algo sobre os seguintes pontos:

- **aquilo que os atletas esperam do clube ou da entidade que representam, nos momentos que antecedem o jogo;**
- **o problema do aquecimento (quando e de que forma deve ser feito), tanto em termos físicos como psicológicos;**
- **qual a forma de melhor se preparar a concentração para o jogo.**

Deste modo, a elaboração do plano de trabalho poderá ser construída por uma simples lista de controle de tarefas, que irá fazer com que o técnico se sinta mais à vontade no desempenho do papel que lhe cabe no local da competição.

Resumidamente, podemos portanto dizer que a combinação de talento com trabalho árduo e estratégias competitivas leva ao aparecimento de muitos campeões, e vai continuar a contribuir para o aperfeiçoamento de nível de participação dos atletas em competição.

O técnico deverá recordar sempre as suas experiências anteriores vividas nessas circunstâncias.

Deve-se procurar aperfeiçoar o papel do técnico no local da competição, agindo de acordo com o plano estabelecido e experimentando-o em competições anteriores à competição principal que está por vir. Poderá ser conveniente para o técnico imaginar a sua intervenção em diferentes cenários competitivos.

Durante...

Para que o técnico se torne completo, é fundamental não esquecer que os atletas precisam muitas vezes ser motivados. Os técnicos devem preparar-se para aperfeiçoar o seu perfil, a fim de prestar aos seus atletas um apoio integral, reconhecendo a importância tanto da preparação física como do componente psicológico. A habilidade de um técnico em tornar-se um efetivo modelo, mantendo-se sempre forte, aberto e positivo, é absolutamente essencial para o sucesso dos seus atletas.

PLANEJAMENTO E AVALIAÇÃO DA AÇÃO DO TÉCNICO NO LOCAL DA COMPETIÇÃO

A) Faça uma reflexão cuidadosa sobre os últimos 3/4 anos em que desempenhou a função de técnico e recorde uma competição importante desse período em que sinta ter havido da sua parte uma intervenção correta. Com outras palavras, procure lembrar-se de um caso em que, depois do jogo e independentemente do resultado final alcançado, considera ter feito tudo aquilo que se tende a exigir de um bom técnico, no sentido de auxiliar os atletas a obterem o melhor resultado que esteja ao seu alcance.

1) **Faça uma lista com as melhores coisas que por si foram feitas ou ditas aos atletas antes dessa competição, e que julgue terem sido de maior significação;**

2) **Proceda do mesmo modo para aquilo que fez e que lhes disse de mais importante, depois da competição;**

3) **Procure recordar a maneira como dessa vez efetuou a sua preparação, de modo a conseguir desempenhar tão bem a sua função. Por outras palavras, lembre-se da forma como organizou o seu trabalho, como se manteve atento e confiante face àquilo que se estava passando, sem estar excessivamente nervoso.**

B) Pense agora numa outra competição em que a sua intervenção, no local da competição, tenha estado bem longe de se poder classificar de eficaz. Lembre-se de que são coisas do passado, pelo que pode ser tão sincero quanto queira.

Depois.
A presença do técnico é importante para a equipe.

1) Escreva o que fez e o que disse aos atletas naquele dia, antes da competição (ou o que não fez, nem lhes disse, e que deveria ter feito), e que hoje considera ter prejudicado os resultados alcançados;

2) Proceda da mesma maneira no que se refere aos momentos vividos após a competição, recordando sobretudo aquilo que julga ter sido menos correto e menos construtivo;

3) Recordando ainda o que à época foi feito, assinale os aspectos em que pensa ter falhado, no que se refere à sua própria preparação psicológica, de modo que, nesse momento, pudesse ter desempenhado de forma mais adequada aquela função.

C) Depois de ter descrito as suas piores e melhores intervenções no local de realização da competição, assim como a forma mais ou menos correta como então efetuou a sua preparação psicológica, procure as principais conclusões que é possível tirar dessa comparação.

A todos esses elementos junte também as opiniões recebidas da parte dos atletas, quando conversou com eles sobre as expectativas criadas relativamente à sua intervenção antes, durante e após as competições.

Comece a escrever as conclusões a que foi chegando sobre este assunto ou, pelo menos, a fazer uma simples lista de controle de tarefas capaz de representar os aspectos mais relevantes da sua função naqueles momentos, e que possam vir a guiá-lo no futuro, assinalando principalmente aquilo que tem a fazer e a dizer aos atletas nesses dias.

1) Assinale as tarefas e o tipo de preparação que tem de efetuar para que, na competição, possa ser um técnico mais eficaz e sobretudo um bom auxiliar dos atletas (por exemplo, responsabilizar o dirigente pelas coisas mais simples, ter programas bem delineados para esses dias, prever muitas atividades, tempo de sono etc.);

2) Defina o que deverá ser dito na hora de se verificar o equipamento, nos momentos antes do aquecimento e nos momentos que imediatamente antecedem a entrada dos atletas na competição;

3) Procure determinar o que deve ser feito e dito pelo técnico, de forma a ajudar construtivamente os atletas depois da competição.

PARTE III

PLANEJAMENTO ANUAL DE TREINAMENTO PARA FUTEBOL DE SALÃO FÍSICO-TÉCNICO E TÁTICO (MODELO)

(Este Plano de Treinamento foi aplicado na Escolinha de Futsal da A.D.C.G. Schaeffler, em São Paulo, no ano de 1990.)

Introduzi, como principal modificação na orientação que venho imprimindo à Parte Física, o Controle de Altura, através de 2(duas) aferições semestrais, e Controle de Peso, antes e após os treinos, assim como os Testes de:

Cooper;
Flexibilidade;
Velocidade;
Resistência;
Circuit-training;

Levando-se sempre em consideração as Condições Físicas e Cronológicas dos atletas (7 a 14 anos).

OBJETIVOS ESPECÍFICOS PROPOSTOS

Quando da elaboração do Plano de Treinamento, foram estabelecidos os Objetivos Específicos da Educação Física para os atletas que participaram dos treinamentos, segundo três categorias:

a) Habilidades e Aspectos Físicos do desenvolvimento dos atletas;
b) Informações e Conhecimentos;
c) Técnica e Tática (Futsal).

EXAMES BIOMÉTRICOS

* Controle de Peso ⇒ antes e após treinamento;
* Controle de Altura ⇒ 2 (duas) aferições anuais;
* Exames Complementares/Geral ⇒ através de um exame anual (onde os atletas foram considerados aptos a participar dos treinamentos da modalidade).

TIPOS DE TREINAMENTO

Os tipos de treinamento incluídos neste plano e utilizados no período de treinos foram:

* Geral;
* Coletivo;
* Dois-toque;
* Recreativo;
* Técnico-tático;
* Jogos-treino.

TREINAMENTO FÍSICO ⇒ UNIDADE DIDÁTICA I

Divisão da Matéria:

* *Endurance;*
* Força;
* Velocidade;
* Elasticidade (flexibilidade);
* Habilidades (solo);
* Coordenação motora;
* Testes de aptidão física.

TREINAMENTO TÉCNICO ⇒ UNIDADE DIDÁTICA II

Divisão da Matéria:

* Passe;
* Recepção;
* Condução da bola;
* Chute;
* Cabeçada;
* Drible/fintas;
* Tomada;
* Arremessos;
* Treinamento específico para goleiros.

TREINAMENTO TÁTICO ⇒ UNIDADE DIDÁTICA III

Divisão da Matéria:

* Regras;
* Sistema de jogo;
* Marcação (H/H - p/zona - mista);
* Cobertura;
* Vazio;
* Rodízio;
* Execução de tiros livres;
* Penalidades máximas;
* ·Formação de barreiras;
* Arremessos canto (colocação);
* Arremessos laterais (colocação);
* Tiro de meta;
* Reinício de jogo;
* Manobras defensivas;
* Manobras ofensivas.

ATIVIDADES DOCENTES

Distribuição dos Treinos:

Fevereiro	Março	9 treinos
Abril	Maio	8 treinos
Junho	—	5 treinos
Agosto	Setembro	9 treinos
Outubro	Novembro	10 treinos

Por tratar-se de Escolinha, os treinamentos foram realizados (**somente**) aos sábados, das 8:30 às 14:30 horas, com 15 atletas por turma. Foram totalizados no ano (8 meses) 41 treinos e 246 horas de treinamento, o que foi considerado abaixo da média ideal para treinamento; não houve continuidade dos treinos, pois, só treinando uma vez por semana, os atletas perdiam muito, isto é, não assimilavam os ensinamentos, ficavam ociosos por uma semana, deixando a desejar no aperfeiçoamento técnico.

MÉTODOS EMPREGADOS

* Natural austríaco;
* Desportiva generalizada;
* Método Cooper;
* *Circuit-training*.

MATERIAL EMPREGADO

* Cordas
* Bolas de: borracha, futebol de salão, tênis
* Bastões
* Cones
* Colchões de ginástica
* Quadro-negro/giz
* Balança com antopômetro
* *Medicine-ball*
* Forca
* Aros
* Fita crepe
* Fitas de pano
* Cronômetro
* Trena.

PLANEJAMENTO ANUAL

OBJETIVOS EDUCACIONAIS

1 — Estabelecer relações entre suas medidas de crescimento e desenvolvimento físico (peso).

2 — Identificar suas capacidades e possibilidades de realizações físicas e técnicas.

3 — Reconhecer a atividade física como fator saúde.

4 — Conhecer o futebol/futebol de salão e seus regulamentos/táticas e técnicas.

5 — Demonstrar habilidades esportivas coletivas.

6 — Realizar atividades que melhorem as suas qualidades físicas: resistência — velocidade — força — flexibilidade — coordenação motora — agilidade — equilíbrio.

7 — Realizar atividades que melhorem as suas capacidades orgânicas (cardiorrespiratórias).

8 — Adquirir hábitos higiênicos favoráveis à saúde.

9 — Participar de atividades esportivas de forma consciente e crítica.

10 — Realizar atividades que despertem senso moral e disciplinar.

11 — Realizar atividades que estimulem a criatividade.

12 — Participação em jogos, treinos e torneios.

CONTEÚDO

1 — Exame médico biométrico.

2 — Ginástica com elementos.

3 — Ginástica sem elementos.

4 — Ginástica de solo.

5 — Ginástica em aparelhos.

6 — Leis e regulamentos (futebol/futsal).

7 — Táticas.

8 — Técnicas.

9 — Testes físicos.

10 — Atividades complementares.

ESTRATÉGIAS

1 — Meios próprios dos médicos.

2 — Instrumentos de medidas: balança com antopômetro.

3 — Trabalho individual, duplas, trios e grupos.

4 — Seqüências pedagógicas.

5 — Projeção de filmes e *slides*.

6 — Palestras.

7 — Elementos: cordas, bastões, cones, colchões, bolas etc.

AVALIAÇÃO

1 — Comparação de dados no início e no fim da temporada.

2 — Tabela-padrão.

3 — Observação do desempenho do atleta em treinos e torneios — individual e em grupo.

4 — Provas escritas.

5 — Testes práticos.

6 — Auto-avaliação.

OBS.: Os objetivos específicos deixam de constar no Planejamento Anual, por já se encontrarem detalhados no Plano de Treinamento. O Planejamento foi elaborado para 8 (oito) meses de treinamento.

PLANO DE TREINAMENTO

OBJETIVOS ESPECÍFICOS

1 — Participar e submeter-se ao exame médico biométrico de maneira consciente, relacionando suas medidas de crescimento e peso.

2 — Perceber suas condições físicas e possibilidades de realização no início das atividades.

3 — Estabelecer relações entre as variações de crescimento e desenvolvimento físico.

4 — Participar de atividades que melhorem e aprimorem as suas qualidades físicas, tais como: força — flexibilidade — resistência muscular localizada e orgânica — coordenação e velocidade.

5 — Demonstrar coordenação psicomotora.

6 — Estabelecer hábitos higiênicos favoráveis à saúde.

7 — Desenvolver o domínio corporal.

8 — Dominar as táticas e técnicas e o fator conjunto. Apreciar os resultados técnicos alcançados, assim como a boa execução própria e a dos demais atletas.

9 — Participar e conhecer o futebol e o futebol de salão e seus regulamentos.

10 — Desenvolver o senso moral e disciplinar.

CONTEÚDO

1 — Exame médico — biométrico.

2 — Teste físicos avaliativos — testes de aptidão física.

3 — Trabalhos individuais, duplas, trios e grupos.

4 — Seqüências pedagógicas.

5 — Atividades recreativas.

6 — Atividades sociais/complementares.

7 — Ginástica com e sem elementos.

8 — Métodos científicos para o desenvolvimento da aptidão física, adequados à idade e à modalidade.

9 — Jogos desportivos e pré-desportivos.

10 — Basquetebol, handebol e voleibol (aspecto recreativo).

11 — Palestras.

12 — Regras.

13 — Atividades compensatórias (físicas).

14 — Participação efetiva.

15 — Criatividade.

16 — Competição.

ESTRATÉGIA

1 — Trabalhos individuais e em grupo.

2 — Seqüências pedagógicas.

3 — Divulgação e confrontação dos testes físicos avaliativos, realizados pelo grupo.

4 — Treinamento físico-técnico.

5 — Trabalhos específicos para desenvolvimento e aprimoramento de habilidades, através do trabalho com bolas de: borracha, tênis, *medicine-ball* e bolas de futebol ou futebol de salão.

6 — Treinamento tático.

7 — Reforço do comportamento positivo.

8 — Atividades livres.

9 — Aferições biométricas para confrontação dos perímetros: torácico, abdominal, braços, coxas e pernas.

10 — Meios próprios dos médicos.

11 — Treinamento ao ar livre, em contato com a Natureza.

12 — Motivação.

13 — Apoio psicológico.

14 — Premiação.

AVALIAÇÃO

1 — Observação do desempenho e atividades em grupo.

2 — Observação do desempenho em atividades individuais.

3 — Testes físicos avaliativos.

4 — Confrontação dos testes aplicados.

5 — Confrontação das aferições biométricas.

6 — Observação e relatório médico.

7 — Auto-avaliação.

8 — Testes psicológicos aplicados com o objetivo da observação dos aspectos de participação e liderança de grupo.

9 — Provas escritas.

TESTES FÍSICOS AVALIATIVOS

1 — **FLEXIBILIDADE** (Flexão do tronco).

Objetivo: medida de flexibilidade do tronco (para a frente).

Material: um banco ou cadeira, e uma régua adaptada com 30cm, para baixo da marca 0 (zero).

Descrição:

a) A régua adaptada é presa ao banco ou cadeira com a marca zero ao nível da superfície do mesmo, com os números aumentados para cima e para baixo partindo do zero.

b) O aluno (descalço) ficará sobre o banco, pernas estendidas, pés unidos, com a ponta dos dedos tocando a régua e os braços caídos ao longo do corpo.

c) O aluno deverá flexionar o tronco, de maneira suave e contínua, mantendo as mãos unidas, dedos estendidos, procurando alcançar o mais baixo possível, com as pernas sempre estendidas.

d) O resultado será o ponto mais baixo alcançado; se acima da marca "zero", ponto negativo; se abaixo, ponto positivo.

e) O aluno terá uma tentativa; no caso de incorreção no movimento, o teste deverá ser repetido.

A verificação dos resultados dos testes realizados será feita através da comparação de dados, colhidos no começo e ao final da temporada.

TABELA DE COTAÇÃO — RESULTADO

6 cm e mais	⇒	muito fraco
de 5 cm a 1 cm	⇒	fraco
0 (zero)	⇒	médio
de mais 1 a mais 5 cm	⇒	bom
5 cm e mais	⇒	excelente

2 — **ABDOMINAL** (Flexão do tronco).

Objetivo: medida de força abdominal.

Material: solo.

Descrição:

a) O aluno se colocará na posição de decúbito dorsal, com as pernas estendidas e com uma separação de 60 cm entre os pés. Os braços estarão estendidos acima da cabeça, ao longo do corpo, apoiados no chão. Os calcanhares devem estar apoiados no chão durante a execução. O aluno se sentará, flexionando o tronco à frente o mais possível, tocando as mãos nos pés, voltando à posição de partida e iniciando novamente o exercício.

b) As pernas permanecerão estendidas e apoiadas no chão.

TABELA DE COTAÇÃO

Repetição:

10 vezes e menos	⇒	muito fraco
11 a 20 vezes	⇒	fraco
21 a 30 vezes	⇒	médio
31 a 40 vezes	⇒	bom
41 e mais	⇒	excelente

3 — **RESISTÊNCIA:** (Corrida de 500 ou 1.500 metros).

Objetivo: medida de resistência.

Material: campo de futebol, quadra de futsal ou área própria.

Descrição:

a) Os alunos partirão, estando em pé, ao sinal de "às suas marcas ... Já !!!". Os alunos correrão a distância de 500 (1.500) metros. Caso algum aluno fique cansado, poderá intercalar um espaço no qual caminha, para logo voltar a correr. Se for possível, pára e logo volta a correr. Se for possível, deve-se realizar a prova com 10 alunos juntos.

b) Permite-se caminhar, mas o objetivo é cobrir a distância no menor tempo possível.

c) Registrar o tempo em minutos e segundos.

4 — **RELAXAMENTO**: (Salto em extensão, sem impulso).

Objetivo: Medida de força das pernas.

Material: Fita métrica ou trena.

Descrição:

a) Os alunos estarão colocados com os pés ligeiramente separados e atrás da linha de partida. Preparando-se para o salto, o aluno balançará os braços, da frente para trás, e flexionará as pernas. O salto será executado com a simultânea extensão das pernas e o balanço à frente dos braços.

b) Conceder duas tentativas.

c) Quando o teste é executado num ginásio, é conveniente colocar uma fita métrica perpendicular à linha de partida. O técnico estará colocado desse lado e efetuará a leitura do resultado em metros e centímetros.

d) Registrar o melhor dos dois saltos em centímetros.

5 — **RAPIDEZ** (Velocidade — corrida de 50 metros).

Material: 1 cronômetro.

Descrição:

a) Posição de partida — o aluno tomará a posição em pé, com afastamento à frente, o pé da frente na linha de partida.

b) O técnico usará vozes de comando: "Às suas marcas ... e" "Já!".

c) Ao ser dada a saída, o aluno deverá iniciar a corrida (o cronômetro destravado) na maior velocidade possível, procurando não diminuí-la antes de cruzar a linha de chegada, quando então o cronômetro será travado.

d) Serão dadas duas oportunidades, anotando-se o melhor tempo, em segundos e décimos de segundos.

e) Recomenda-se dar o sinal de saída com a mão ao alto, baixando-a ao gritar "Já!".

6 — **AGILIDADE**: (Flexão e extensão do tronco, pernas e braços).

Material: 1 cronômetro.

Descrição:

a) Posição de partida "fundamental".

b) Dessa posição, o aluno deverá flexionar as pernas, colocando as mãos à frente dos pés; em seguida, e sem parada, estender as pernas unidas para trás, tomando a posição de "apoio, de frente no solo", na qual a cabeça, tronco e pernas permanecem na mesma linha reta.
Dessa posição, e sempre sem parada, o aluno volta à posição de flexão de pernas, para em seguida retornar à posição de partida.

c) A prova terá a duração de 10 segundos.

d) Contar-se-á 1 ponto para cada exercício completo.

e) Se o aluno, ao sinal de "pare", estiver no tempo 1, deve-se registrar mais 1/4 de ponto; no tempo 2, mais 1/2 ponto; no tempo 3, mais 3/4 de ponto.

ATIVIDADES DESENVOLVIDAS

Ginástica Sem Elementos

Exercício para coordenação
Quadrupedia e agilidade

Esquema Corporal

Executar ordens rápidas de orientação
Correr e tocar diferentes objetos
Saltar
Saltar com obstáculos
Suspender-se
Contornar objetos
Levantar e transportar
Executar movimentos com sobrecarga
Correr

Ginástica Com Elementos

Medicine-ball
Cordas
Bolas (borracha, tênis, futsal, futebol)
Cadeiras
Banco sueco
Aros

Atletismo

Corridas
Velocidade
Resistência

Metodos Científicos Aplicados

Circuit-training
Interval-training
Método Cooper

outros......

PLANILHAS

PILATUS KULM = SPORT FOR CHILD

FICHA DE ATLETA

FOTO	DATA NASC.	IDADE	NÚCLEO
	TURMA	PERÍODO	NÚMERO

NOME DO ATLETA: _____

R.G. _____ NATURALIDADE: _____

FILIAÇÃO:
    PAI: _____
    MÃE: _____

ENDEREÇO: _____ No. _____ APTO. _____

BAIRRO: _____ CEP: _____ - _____ CIDADE: _____

COLÉGIO QUE ESTUDA: _____ SÉRIE: _____

HORÁRIO DE ENTRADA: _____ SAÍDA: _____

FONE PARA CONTATO EM CASO DE EMERGÊNCIA: _____

FALAR COM: _____ HORÁRIO: _____

TRABALHA: SIM ☐ NÃO ☐ - ONDE: _____

ENDEREÇO COMERCIAL: _____

JÁ PRATICOU ESPORTE: SIM ☐ NÃO ☐ ONDE: _____

QUAIS MODALIDADES: _____

INFORMAÇÕES

Início do treinamento: _____
Somatotipo: _____
Pêso: _____ Peso ideal: _____ Altura: _____
Postura: _____
Capacidade vital: _____
Perímetro Torácico: Repouso: _____ Insp. _____ Esp. _____
Comprimento dos membros: Sup.: _____ Inf.: _____
Musculatura da coxa: _____ Perna: _____
Pressão arterial: _____ Pulso: _____
Observações: _____

DEPARTAMENTO DE FUTEBOL: _____

PILATUS KULM — SPORT FOR CHILD
CONTROLE DE PULSAÇÕES

NOME: _____ TURMA _____ MÊS: _____ ANO: _____

FICHA Nº _____ HORÁRIO _____ DATA NASCIMENTO: __/__/__ ALTURA: _____

TESTE ERGOMÉTRICO: CARGA: _____ FC: _____ PA: _____

PROGRAMA	CORRIDAS: 1 _____ 3: _____	PL	CARGA	PESO INÍCIO: _____
	PAUSAS: 1. _____ 2. _____			FINAL: _____

DATA	F C	CONTROLE DE PULSO NAS CORRIDAS				BICICLETA		
	INICIAL	1.	2.	3.	OBSERVAÇÕES	TEMPO	FC	OBSERVAÇÕES
01								
02								
03								
04								
05								
06								
07								
08								
09								
10								

PILATUS KULM — SPORT FOR CHILD — DEPARTAMENTO DE FUTEBOL

TREINAMENTO		REALIZADO		QUALIFICAÇÃO		DATA
CARÁTER	COND. CLIMATÉRICAS		DURAÇÃO	BOM/MAU/REGULAR	PONTOS	

Nº	HORA	NOME	PÊSO			CAPACIDADE PULMONAR			ASSINATURA
			ANTES	DEPOIS	PERDA	ANTES	DEPOIS	DIFERENÇA	
01									
02									
03									
04									
05									
06									
07									
08									
09									
10									
11									
12									
13									
14									
15									

DEPARTAMENTO MÉDICO   DEPARTAMENTO TÉCNICO

PILATUS KULM : SPORT FOR CHILD

N. ___

DEPARTAMENTO MÉDICO - FICHA MÉDICA - BIOMÉTRICA ESPORTIVA

NOME: _____ DEPARTAMENTO: _____
SEXO: _____ COR: _____ NASCIMENTO: _____
NATURAL DE: _____ NACIONALIDADE: _____ PROCEDÊNCIA: _____

INÍCIO DAS ATIVIDADES NO CLUBE ___/___/___ -CATEGORIA _____

TRANSFERÊNCIA DE CATEGORIA:

FOTO
___/___/___ CATEGORIA _____
___/___/___   "   _____
___/___/___   "   _____

Antecedentes familiares e hereditários _____

Antecedentes pessoais _____

Antecedentes cirúrgicos _____
Antecedentes traumatológicos _____

Exame Físico Geral _____
_____ somatotipo _____

EXAME FÍSICO ESPECIAL:
a) CABEÇA _____
b) ORL. _____
c) VISÃO OD _____ OE _____ Obs.: _____
d) PESCOÇO _____
e) AP. RESPIRATÓRIO _____
f) AP. CIRCULATÓRIO _____
g) AP. DIGESTIVO _____
h) HÉRNIAS _____
i) AP. GENITURINÁRIO _____
j) VARIZES _____
l) AP. LOCOMOTOR _____
m) PELE E ANEXOS _____
n) GÂNGLIOS _____
o) SISTEMA NERVOSO E PSÍQUICO _____

Obs. 1) menarca _____ ciclo menstrual _____
Obs. 2) pareceres especializados _____

Obs. 3) anotações _____
_____
_____
_____

Data ___/___/___   Médico _____

Exames Biométricos

DATA			
Altura			
Peso			
Cap.Vital			
Envergadura			
Per. Torác.			
Per. Abdom.			
COMPRIMENTOS M.S.D.			
M.S.E.			
M.I.D.			
M.I.E.			
PERIMETROS COXA D.			
COXA E.			
PERNA D.			
PERNA E.			
BRAÇO D.			
BRAÇO E.			
Dinamom. D.			
Dinamom. E.			

CONTROLE PERIODICO DE PULSAÇÃO E PRESSÃO ARTERIAL

Data								
P. A								
Pulso								

Exames Laboratoriais

DATA	RESULTADOS	MEDICO

Consultas		
DATA	ESTADO ATUAL	Médico

Testes Especiais de Capacidade Esportiva		
DATA	TESTE	Médico

NOME DO CLUBE: _____

DATA: _____ LOCAL: _____

TECNICO: _____ PREP.FIS

MEDICO: _____ MORDOMO: _____

ARBITROS: _____

EQUIPE A -									×
GOLEIROS	N.	FALTAS		PASSES ERRADOS					CHI
		1T	2T	DE CAMPO		F. DA AREA		PARA LATERAL	DE
				1T	2T	1T	2T	1T	2T	1T
SUB - TOTAL										
T O T A L										

ATLETAS	N.	FALTAS		PASSES ERRADOS						C DEF
		1T	2T	DE CANTO		LATE-RAIS		ESCAN-TEIOS		DIDI
				1T	2T	1T	2T	1T	2T	1T
SUB - TOTAL										
T O T A L										

SUBSTITUICOES				TEMPOS				A B C
N SUBS N AOS				1T			1	
N SUBS N AOS							2	
N SUBS N AOS				2T			3	
N SUBS N AOS					FALTAS		4	
N SUBS N AOS				1T			5	
N SUBS N AOS				2T			6	
N SUBS N AOS								

GOLS	1	2	3	4	5	6	7	8	9	10	11	12
ATLETAS												
TEMPO												
POSICAO												

TECNICO -

7
8
9
10

A B C

MODALIDADE: _____

ATEGORIA: _____

MASSAGISTA: _____

ANOTADOR: _____

OMETRISTA: _____

B -					PARTIDA NO.		
RSARIO		ESCANT. CONTRA		1.T	GOLEIROS	N.	FALTAS
TRAVE				×			1T 2T
2T	1T 2T	1T	2T				
				2.T			
				×			
		||		FINAL	T O T A L		
		||		×			

TRAVE		ESCANTEIOS CONTRA		A FAVOR		A T L E T A S	N.	FALTAS
1T	2T	1T	2T	1T	2T			1T 2T
	||					SUB-TOTAL		||
	||					TOTAL		||

I	J	K						
			1	TEMPOS	1T	S U B S T I T U I C O E S	N SUBS N AOS	
			2		2T		N SUBS N AOS	
			3				N SUBS N AOS	
			4	FALTAS			N SUBS N AOS	
			5	1T			N SUBS N AOS	
			6	2T			N SUBS N AOS	
			7				N SUBS N AOS	

GOLS	1	2	3	4	5	6	7	8	9	10	11	12
ATLETAS												
TEMPO												
POSICAO												

I J K   PREPARADOR FISICO -

PILATUS KULM - SPORT FOR CHILD
FUTEBOL DE SALÃO - CONTROLE TÉCNICO DA EQUIPE

CATEGORIA: _____ DATA: _____ SISTEMA: _____

JOGO: _____ X _____

RESULTADOS
- 1. TEMPO ☐ X ☐
- 2. TEMPO ☐ X ☐
- FINAL ☐ X ☐

TEMPERATURA: _____ GRAUS

NOME	COBERTURA C|E	MARCAÇÃO C|E	PASSES C|E	CHUTE C|E	DRIBLE C|E	FALTAS 1T|2T	GOLS	CARTÕES AM|VM	SUBST/TEMP

FICHA INDIVIDUAL DE APTIDÃO FÍSICA
TESTE DE FLEXIBILIDADE

Nome_____

DATA	ABERTURA LATERAL	COXA FEMURAL	COLUNA	OBS.

FICHA INDIVIDUAL DE APTIDÃO FÍSICA
TESTE DE VELOCIDADE

Nome_____

DATA	DISTÂNCIA	OBSERVAÇÕES

FICHA INDIVIDUAL DE APTIDÃO FÍSICA

Nome_____

TESTE DO CIRCUITO

N°	DATA EXERCÍCIO	M1	T1	M2	T2	M3	T3	M4	T4
1									
2									
3									
4									
5									
6									
7									
8									
9									
10									
11									
12									
	TEMPO INICIAL								
	TEMPO OBJETIVO								

FICHA INDIVIDUAL DE APTIDÃO FÍSICA
TESTE DE COOPER

Nome_____

DATA	DISTÂNCIA	OBSERVAÇÕES

AVALIAÇÃO FÍSICA
RESULTADOS

N O M E	Velocidade	Flexibilidade	Cooper	Circuit
1				
2				
3				
4				
5				
6				
7				
8				
9				
10				
11				
12				
13				
14				
15				
16				
17				
18				
19				
20				
21				
22				
23				
24				
25				
26				
27				
28				
29				
30				
31				
32				
33				
34				
35				

MELHORES RESULTADOS Data___/___/___

CIRCUIT	TESTE DOS 12 MINUTOS	50 M (Velocidade)
1.º _____ c/ _____ min.	1.º _____ c/ _____ mts.	1.º _____ c/ _____ seg.
2.º _____ c/ _____ min.	2.º _____ c/ _____ mts.	2.º _____ c/ _____ seg.
3.º _____ c/ _____ min.	3.º _____ c/ _____ mts.	3.º _____ c/ _____ seg.

PLANO PERIÓD

N.o de Ordem	DATA	LOCAL	Carga			Natureza					Treinamento Físico					Treinam Técni				
			P	M	L	F	TE	T	C	S	EN	FR	V	EL	H	CTE	CB	P	D	

CARGA

- **P** - Pesado, puxado
- **M** - Médio
- **L** - Leve

NATUREZA

- **F** - Treinamento físico
- **TE** - Treinamento técnico
- **T** - Treinamento tático
- **C** - Combinado (t/te)
- **S** - Suplementar

EN
FR
V
EL
H

TREINAMENTO

Treinamento Tático (COLETIVOS)					JOGOS	OBSERVAÇÕES
TC	C	Treinam. Indiv.	Palestras Aulas Teo	Comt. de Jôgo		

ÍSICO

TREINAMENTO TÉCNICO

CTE - Chute   T - Tomada
CB - Cabeçada   G - Goleiro
P - Passes   PJ - Pequenos
D - Drible   jogos
F - Fintas

(ibilidade)

ora

TREINAMENTO TÁTICO

D - Defesa
A - Ataque
TC - Defesa x Ataque
C - Coletivo
Treinamento individual
Palestras e aulas teóricas
Comt. de jôgo

BIBLIOGRAFIA

Parte 1

COELHO, Olímpio. *Revista Treino Desportivo*
Publicação da Direção Geral dos Desportos
Junho de 1991 - Lisboa - Portugal.

Curso Para Treinadores de Futebol de Salão
F.P.F.S. - São Paulo - 1972/1994.

Curso Internacional de Futebol P/Treinadores
Profissionais - SITREPESP - São Paulo - 1993

Parte 2

Autores variados (1976): Trainingstermini,
Theorie und Praxis der Koerperkultur, 25
Beihelt, 1/2 pág., 118.

idem, pág. 33

idem, pág. 43

idem, pág. 99

idem, pág. 116

Doebler, H (1969):
Abriss einer Theorie der Sporspiele Lipsia,
DHIK, pág. 152.

Irmgard Konzag - Tradução de Artigo
na Revista Italiana - *Scuola Dello Sport*
Ano 2, n.º 2 - Itália - Junho de 1983 - Itália.

Zimmermann K. (1980): Koordinative Fahigkeiten In Sportspiel, Theorie und Praxis der Koerperkultur, 29, 4 pág. 252.

John T. Partington
(tradução de um artigo publicado em S.P.O.R.T.S., publicação da Associação de Treinadores do Canadá, vol. 8, nº 6, Junho de 1988).

Este livro foi impresso na
LIS GRÁFICA E EDITORA LTDA.
Rua Visconde de Parnaíba, 2.753 — Belenzinho
CEP 03045-002 — São Paulo — SP — Fone 292-5666
com filmes fornecidos pelo editor